Psicología y Consejo Pastoral:

Perspectivas Hispanas

Psicología y Consejo Pastoral: *Perspectivas Hispanas*

Editores:
Daniel S. Schipani
Pablo A. Jiménez

Libros AETH
Decatur, Ga.
1997

Asociación para la Educación Teológica Hispana
P.O. Box 520
Decatur, GA 30031
ISBN: 0-9657839-0-1

Esta es una publicación de la *Asociación para la Educación Teológica Hispana* (AETH), institución que se reserva todos los derechos de publicación de todos estos materiales. La edición de estos materiales estuvo a cargo de Daniel S. Schipani, con la colaboración de Pablo A. Jiménez. El diseño gráfico también fue hecho por Pablo A. Jiménez. El diseño de la portada fue hecho por Mary E. Klassen.

Impreso en E.E.U.U. de A.

TABLA DE CONTENIDO

Agradecimiento

Este libro recoge las ponencias presentadas en el *Primer Encuentro de Consejería Pastoral*, celebrado en las instalaciones de la *Cooperativa de Seguros Múltiples* en San Juan, Puerto Rico del 16 al 18 de noviembre de 1995. El *Encuentro* se llevó a cabo como parte del programa de *Encuentros por Disciplinas* de la *Asociación para la Educación Teológica Hispana* (AETH). Este programa es financiado en parte por *The Pew Charitable Trusts*. El *Encuentro* fue co-auspiciado en Puerto Rico por la *Escuela Graduada Nacional de Consejería Pastoral*. El Dr. Hugo Serrano, presidente y fundador de la escuela, y la Dra. Luz M. Rivera de Alvarado, decana académica de la entidad, fueron nuestros generosos anfitriones en esta hermosa actividad. La Rev. Edia Lebrón y la Dra. Virginia Loubriel fueron las capellanas encargadas de la vida devocional del *Encuentro*, labor que hicieron con amor y excelencia.

Después de presentar sus ponencias, los contribuyentes donaron sus manuscritos para hacer posible la publicación de este volumen. Una lista detallada de contribuyentes aparece al final del libro. El Dr. Daniel S. Schipani trabajó largas horas en la edición del manuscrito. En nuestras oficinas, la Sra. Aida L. Oquendo y la Sra. Marilyn Vélez se encargaron de las tareas secretariales, corrigiendo una y otra vez incontables detalles.

No podemos terminar sin reconocer a las personas que participaron en el *Encuentro*. Estas fueron: María del Carmen Laureano, Angel Luis Miranda, Aurea Ester Alejandro, Víctor Graulau, Alfredo Pérez Pérez, Carlos L. Flores, Luz M. Ortiz, Josué E. Borges, Norma Morales, Carmen Lydia Cardona, Herodita Santana, José Lino Soto, Ramonita Silva, María del Carmen Rivas, Carmen N. Caratini, Arnaldo Cintrón, David Hernández, Guillermo Ramírez, Juan Matías, Juan Gutiérrez, Mayra V. González, José Flores Padilla, Fernando Bentz, Nereida Nales

Pérez, Dámaris Colón, Eliut Santos, Roberto Miranda, Zoraida Cruz, Carlos Padua, Ana Laura Pagán de Ortiz, Kristina Gutiérrez y Carmen I. Pérez Torres, entre otros.

A todas estas personas va el agradecimiento sincero de AETH y de este servidor.

Dr. Pablo A. Jiménez
Director Ejecutivo AETH
28 de febrero de 1997

INTRODUCCIÓN

por Daniel S. Schipani

En los umbrales del siglo veintiuno, la contribución de la psicología[1] y el consejo pastoral[2] a la vida y el ministerio de la

[1] El término *psicología pastoral* aquí se entiende con un doble significado según explicamos brevemente a continuación. (a) Se trata de un campo de labor práctica al servicio de la vida y el ministerio de la iglesia--incluyendo la atención y el cuidado o asesoramiento, y la psicoterapia pastoral--a la luz de su contexto histórico. (b) La psicología pastoral es además una «disciplina» (en el sentido especial de quehacer teórico, teológico y sistematizado), concebida primordialmente en términos de la teología pastoral y práctica; como tal contribuye a la antropología teológica en general y sirve además para fundamentar no sólo aquellas expresiones del campo de labor práctica sino también otras facetas y modalidades del ministerio cristiano tales como la enseñanza, la predicación, la guía espiritual, la pastoral de la juventud, etc.

[2] Lamentablemente en el idioma castellano no hay un acuerdo unánime ni consistencia en cuanto al uso y el significado de este término. Reconocemos por lo tanto que hay varias alternativas en cuanto al nombre preciso que se puede dar a esta forma de ministerio de cuidado pastoral especializado, incluyendo desde luego las utilizadas en este libro. Optamos, sin embargo, por sugerir el término *consejo* pastoral en lugar de «consejería» pastoral--común sobre todo entre personas caribeñas y otras comunidades hispanas en Norteamérica--o «asesoramiento pastoral»--más común en Sudamérica, especialmente en el Cono Sur. La razón de nuestra opción es como sigue: entre nuestros colegas e interlocutores españoles--con quienes de hecho estamos desarrollando vínculos de diálogo y colaboración--la palabra «consejería» (entendida como el departamento de un consejo) tiene un significado y connotaciones totalmente diferentes de las que deseamos comunicar; además, tal término es simplemente inexistente entre otros latinoamericanos. Por su parte, los términos «asesoramiento», «asesor», etc., no evocan fácilmente el carácter ministerial y la riquísima temática que supone esta forma de ministerio cristiano (por ejemplo en medio de situaciones de crisis existnciales y pérdidas y procesos de duelo, muy frecuentes y comunes, que generalmente requieren mucho más que un mero «asesoramiento» pastoral). Desde luego, reconocemos que nuestro término preferido, *consejo pastoral*, también puede comunicar connotaciones no deseadas (por ejemplo, superficialidad o manipulación, en el sentido de

iglesia puede reconocerse de manera nueva. Este libro es un testimonio especial de tal reconocimiento y es también una demostración modesta del valor de dicha contribución. Así lo expresan las diez voces hispanas que representan variadas experiencias de trabajo y diversos contextos socioculturales de servicio y de reflexión.

La primera parte, que hemos titulado *Fundamentos y encuadre*, consta de cuatro capítulos en los que se consideran algunas bases y lineamientos del campo de la psicología y el consejo pastora. El capítulo 1--«bases eclesiológicas: La iglesia como comunidad sanadora»--enfoca la triple razón de ser de la iglesia con un modelo ecológico y luego sugiere pautas normativas para la práctica y la teoría. El capítulo 2--«Bases bíblicas y teológicas de la consejería pastoral»--plantea ciertos fundamentos trinitarios de nuestra labor, y brinda orientación específica para el uso de la Biblia en este ministerio. El perfil clínico y profesional del mismo se esboza en el capítulo 3--«La consejería como disciplina». Por último, el capítulo 4, «Modelos de intervención en la consejería pastoral»--nos presenta un modelo básico de intervención, el foco multidimensional a tenerse en cuenta como contenido, y la técnica de grupos de sostén y apoyo.

La segunda parte del libro, *Temas especiales de psicología y consejo pastoral,* consta de cinco capítulos y un apéndice; en ellos se ilustra la aplicabilidad de conocimientos, destrezas, y otros recursos a la madera de expresiones concretas de la teoría y de la práctica. En el capítulo 5--«Sexualidad y persona»--encontramos una referencia al trasfondo ideológico y a la espiritualidad judeocristiana, y pistas para el cuidado pastoral con foco en la problemática de la sexualidad humana. «Intervención pastoral en situaciones de crisis de familia» es el tema del capítulo 6; incluye una caracterización y explicación de diversos tipos de crisis, y algunos modelos de intervención para

---

meramente «dar consejos»); de todas formas, nuestra experiencia personal y profesional en muchos y muy diversos contextos socioculturales por las Américas y Europa nos sugiere que es el término menos problemático para la gran mayoría.

asesores, facilitadores y consejeros pastorales. En el capítulo 7--«La iglesia ante la violencia doméstica»--se describen diversas formas de abuso y de situaciones de violencia, incluyendo factores causales, y luego se señalan principios para la acción pastoral de la iglesia. Los capítulos 8 y 9--«El fenómeno de la depresión» y «La depresión en personas envejecidas», respectivamente, pueden considerarse juntos; presentan detalladas definiciones y caracterizaciones de los cuadros de depresión y de varias formas de tratamiento; también indican algunas pistas para la labor pastoral correspondiente. Por último, el apéndice--«Nuestra conducta y el evangelio»--consiste en un mensaje de reto y esperanza que nos anima a fomentar la actualización del potencial de plenitud humana con que Dios nos ha creado.

Como en toda colección de este tipo, los trabajos incluidos presentan una pluralidad de perspectivas y de estilos. Por un lado, tal pluralidad se ha plasmado en este volumen como un cuadro heterogéneo y con disonancias notables. Por otro lado, esa misma variedad de estilos y perspectivas muestra la realidad de una riqueza de contextos, experiencias y aportaciones. De todas formas, reconocemos que la debilidad principal de la colección (reflejo, por cierto, de una limitación de la consulta de San Juan) es que. incluye sólo una mujer entre las personas contribuyentes.

Más allá de sus limitaciones, este libro puede considerarse como el registro parcial de una conversación entre colegas. Incluye una invitación a ampliar el diálogo, a profundizar la reflexión, y a fortalecer las redes de comunicación y colaboración en torno a la psicología y el consejo pastoral en las Américas y en España. Necesitamos sin duda continuar forjando y desarrollando una pastoral contextualizada y una teología práctica pertinente. Nuestro deseo, nuestro sueño y nuestro compromiso son participar en semejante proyecto en los meses y años venideros. Quiera el Espíritu de Dios nutrir, orientar y hacer prosperar nuestros esfuerzos.

Primera Parte:

Fundamentos y Encuadre

1
BASES ECLESIOLÓGICAS: LA IGLESIA COMO COMUNIDAD SANADORA

por Daniel S. Schipani

INTRODUCCIÓN

El tema de la iglesia como comunidad sanadora--o, *comunidad de salud*, como podría también llamarse[1]--es un lugar muy especial para comenzar nuestra reflexión y diálogo en torno a la psicología y el consejo pastoral a partir de nuestros contextos latinoamericanos y caribeños e hispanos en particular. La razón es fundamental y puede expresarse en forma sencilla: la iglesia está llamada a ser una comunidad intermedia clave, ubicada entre la familia y la sociedad con sus instituciones varias; en otras palabras, la iglesia ha de llegar a ser el ambiente más central y básico desde el cual se proyecta nuestra vida y nuestro compromiso social como personas que comparten la fe cristiana.

En forma análoga a la de quien preguntó, retóricamente, «Señor, ¿a quién iríamos?...tú tienes palabras de vida eterna» (Juan 6:68), se debería poder decir de la iglesia: «¿a dónde iríamos en busca de la mejor visión de salud y plenitud humana, de genuina humanización, de salvación y *shalom* (en el sentido bíblico de libertad, justicia, paz, y bienestar multidimensional)?». Es que la

[1]De hecho, puede argumentarse que es más correcto y más iluminador hablar de la iglesia como *comunidad de salud* (o bien, «comunidad de salud y sanidad») debido a dos razones por lo menos: a) la relación directa que puede establecerse bíblico-teológicamente entre *salud* y *salvación* como liberación y «humanización» completa; b) la necesidad de no restringir las connotaciones correspondientes al plano de lo meramente terapéutico en el sentido limitado del término (sino, más bien incluir además las dimensiones de formación, crecimiento y maduración, y plenitud de vida, en perspectiva divina). En este capítulo, por lo tanto, las referencias a la iglesia como comunidad sanadora deben entenderse en el sentido más amplio aquí especificado.

iglesia tiene la divina encomienda de convertirse en fiel modelo del amor de Dios en el mundo y a favor del mundo[2]. En esto consiste el significado y la pertinencia de la afirmación de que la iglesia, como comunidad intermedia clave, está llamada a ser la comunidad sanadora por excelencia.

Como iglesia de Jesucristo nos encontramos al umbral del tercer milenio de nuestra era en medio de culturas y economías que están lejos de promover la salud y la plenitud humana; al contrario, tienden a ser claramente patogénicas, es decir enfermantes. Diversas situaciones y formas de violencia, aislamiento y soledad, carencias, injusticia y opresión, por nombrar sólo algunas en general, condicionan el presente y el porvenir de nuestros pueblos a todo nivel, y especialmente en la vida familiar y del trabajo. Es por lo tanto a la luz de tal situación histórica como debemos abordar nuestro tema, desde la perspectiva de la teología pastoral.[3] Conviene por lo tanto establecer que entendemos a la teología pastoral como *la reflexión crítica y constructiva en torno a la vida y el ministerio de la iglesia en medio de la historia y a la luz del evangelio del reino de Dios.*[4]

La premisa y supuesto clave que informa nuestra reflexión teológico-pastoral tal como se presenta en este capítulo puede postularse así: la iglesia ha de ser el contexto de salud y de sanidad por excelencia, y esto en dos sentidos específicos; por un lado, la iglesia será contexto esencial en el sentido de la experiencia concreta en el marco de la vida y el ministerio de comunidades de fe reales e

---

[2]Entendemos que el concepto que mejor identifica a la iglesia en tanto llamada a ser fiel modelo del amor de Dios en el mundo y a favor del mundo, es el de «sacramento». Más adelante proponemos adoptar–especialmente en los medios evangélicos–tal concepto de la iglesia como «sacramento» con el triple sentido de *señal*, de *símbolo e imagen*, y de *agente* o *medio de gracia*.

[3]Desde luego, el tema de la iglesia como comunidad sanadora se puede abordar desde diversos puntos de vista potencialmente complementarios. Así, por ejemplo, las perspectivas de las ciencias humanas tales como la antropología, la sociología, y la psicología nos ofrecen contribuciones valiosas y aún indispensables hoy día. En particular para el caso del consejo pastoral como ministerio de la iglesia, obviamente debemos afirmar las aportaciones múltiples de la psicología y sus subdisciplinas, y en especial el rol de la psicoterapia como ciencia humana práctica.

[4]Tal reflexión crítica y constructiva supone, desde luego y entre otras, la contribución de las ciencias humanas tales como la psicología.

identificables como tales; segundo, la iglesia es también contexto esencial en el sentido de ámbito de reflexión, o sea que reflexionamos en principio desde y para la iglesia, aunque no de manera exclusiva y excluyente. La *tesis* con que trabajamos implica además una convicción teológica: *la iglesia es comunidad de salud y comunidad sanadora en la medida en que revela fielmente la vida misma del Dios Trino en el mundo.*

En el resto de este ensayo desarrollaremos brevemente los tres puntos siguientes: primero, aludiremos a algunas señales concretas y discernibles de la iglesia como comunidad sanadora; haremos eso a la manera de ilustración y a partir de nuestra propia experiencia en la comunidad de fe local y también como quienes promovemos cierta praxis eclesial y ministerial. En segundo lugar, esbozaremos el concepto y la comprensión de la iglesia como sacramento de la Trinidad; es decir, explicaremos la idea de que la «buena forma» que debe asumir la iglesia corresponde al «con-formarse» a la vida de Dios en el mundo. Por último, y en directa relación con lo que antecede, señalaremos el rumbo que debe tomar un nuevo paradigma en la psicología pastoral; responderemos así a la pregunta sobre la meta de la psicología y el consejo pastoral al servicio del emerger humano a la luz de Jesucristo y el evangelio del reino de Dios.

MARCAS DE LA IGLESIA COMO COMUNIDAD SANADORA

Evitemos planteamientos meramente abstractos e idealistas. Comencemos por lo tanto por indicar maneras específicas en que la comunidad de fe se comporta como ambiente donde se realizan y se hacen posible diversas prácticas y experiencias que contribuyen, directa e indirectamente, al cuidado, el sostén y apoyo, la orientación, la reconciliación, y la sanidad per se de las personas, familias y grupos quienes de alguna forma se involucran en la vida y el ministerio de aquélla. Cuando con tal ángulo de mira consideramos a las congregaciones donde participamos, vale reconocer y apreciar determinadas marcas. A continuación destacamos algunas de tales marcas a la manera de indicadores[5] que hemos agrupado bajo las tres categorías de pueblo de Dios, cuerpo de Cristo, y comunidad del Espíritu, las cuales deben considerarse inseparables y enriqueciéndose mutuamente entre sí[6].

Pueblo de Dios

En primer lugar, la iglesia vive y ministra como comunidad sanadora porque (o, mejor dicho, en la medida en que) refleja rasgos y cualidades[7] tales como las siguientes:

- Un sentido de pertenencia y de referencia como pueblo con una trayectoria y un destino afirmados como tales, especialmente en medio de la adoración;
- Autenticidad en las expresiones de alabanza y acción de gracias (en palabra, cántico, drama, etc.) junto con el cultivo de la gratitud, el reconocimiento de la gracia divina, y la celebración alegre;
- Práctica de la oración y de la confesión en particular; experiencia del perdón y la absolución;
- Experiencia de aceptación divina incondicional y también de parte de la hermandad («tal como soy...»; al decir de Pablo, «por la gracia de Dios soy lo que soy, y su gracia para conmigo no ha sido en vano», I Cor 15:10);

---

[5]Aclaramos que se trata sólo de la presentación de algunos ejemplos ilustrativos para ayudarnos a comprender y apreciar mejor el llamamiento de la iglesia como comunidad sanadora, a partir de su historia y experiencias concretas. El tema de la iglesia como comunidad sanadora se trata en los dos libros siguientes: Ricardo Zandrino, *Sanar es también tarea de la iglesia: La iglesia, una comunidad terapéutica* (B. Aires: Asociación Bautista Argentina de Publicaciones, 1987), especialmente los capítulos 4, 5, y 6; y Alberto D. Gandini, *La iglesia como comunidad sanadora* (El Paso: Casa Bautista de Publicaciones, 1989).

[6]Las categorías de pueblo de Dios, cuerpo de Cristo y hermandad o morada del Espíritu corresponden, desde luego, a la forma como la iglesia ha asumido desde los primeros tiempos su carácter y su identidad como criatura de Dios. Es decir, como ya se puede apreciar en el Nuevo Testamento, la iglesia fue estableciendo una correlación entre su visión del Dios Trino («Un Espíritu...un Señor...un Dios», ej. I Cor 12: 4-6, Ef 4: 4-6) y los fundamentos teológicos de su propia vida y ministerio.

[7]La funcionalidad psicológica y la validez e integridad teológica atribuibles a tales cualidades o «marcas» e «indicadores» quedarán implícitas.

- Práctica y experiencia de la guía y la corrección del Espíritu de Dios por medio de la proclamación, la enseñanza, y otras formas;
- Rituales especiales de sanidad (oración, ungimiento con aceite, exorcismos, intercesiones);
- Práctica de dar y recibir testimonios del caminar cotidiano por los senderos de la fe cristiana y el reino de Dios; etc.

Es evidente que en este modesto primer cuadro de la iglesia como comunidad sanadora se destaca la realidad central de la adoración de cara a la identidad de aquélla como pueblo de Dios, es decir, pueblo del pacto llamado a crecer en fidelidad y lealtad. Resultará evidente también que este cuadro necesita integrarse con los dos que esbozamos a continuación.

Cuerpo de Cristo

En segundo lugar, la iglesia vive y ministra como comunidad sanadora en la medida en que demuestra características como las siguientes:

- Experiencia multiforme de la *koinonia*, en el sentido de amor fraternal, comunión, compañerismo, solidaridad y mutualidad[8];
- Prácticas de ayuda mutua, cadenas de oración, grupos de sostén y apoyo;
- Práctica de resolución de conflictos (y aprendizaje y cultivo de las destrezas de comunicación y mediación correspondientes);
- Práctica de la disciplina de la reconciliación (incluyendo amonestación, confrontación, confesión y restauración, etc.) según el espíritu de Jesucristo[9];

---

[8]En su consideración de la iglesia como comunidad terapéutica, Pablo Polischuk destaca esta dimensión de mutualidad como factor terapéutico clave, en *El consejo terapéutico: manual para pastores y consejeros* (Barcelona: CLIE, 1994), cap. 11.

[9]El argumento sobre la importancia terapéutica de la disciplina congregacional formativa, correctiva y restauradora, fue planteado originalmente en Daniel S. Schipani, «Pueblo de Dios-comunidad sanadora», (ponencia presentada en la Consulta de la Fraternidad Teológica Latinoamericana, San Pablo, Brasil, marzo de 1977). Luego fue retomado por Jorge A. León en *Psicología pastoral de la iglesia* (Miami: Caribe, 1978), pp. 70-76; y también aparece en Gandini, *La iglesia como comunidad sanadora*, pp. 43, 59-62.

- Práctica frecuente de la comunidad eclesial mediante encuentros de oración y estudio bíblico, discernimiento para toma de decisiones concretas (por ejemplo, relativas a trabajo, consideraciones financieras, situaciones de familia, y otras), orientación y asistencia;

En este segundo cuadro de la iglesia como comunidad sanadora--que también es modesto e ilustrativo--la realidad central que se destaca corresponde a la vida comunitaria como tal. Es decir, la iglesia está llamada y potenciada para convertirse en familia de Dios de cara a su identidad como cuerpo de Cristo que necesita crecer en espiritualidad y comunión. Tal crecimiento--y, por lo tanto, crecimiento también en cuanto comunidad sanadora--obviamente requiere su desarrollo armonioso como pueblo del pacto y como comunidad o morada del Espíritu, como señalaremos a continuación.

Morada del Espíritu

En tercer y último término, la iglesia vive y ministra como comunidad de salud o comunidad sanadora no sólo en relación a sus propios miembros sino también mediante su presencia y acción en medio de la sociedad y la cultura. La fidelidad y pertinencia de su vocación en este sentido se verifica en la medida en que refleja consistentemente rasgos y cualidades como las siguientes:

- Discernimiento y vivencia de los propósitos y la actividad de Dios en el mundo (creación, cuidado y sostén; liberación, redención, reconciliación y sanidad; renovación, potenciación, conducción a toda verdad);
- Experiencia y práctica de la compasión solidaria, y de la ética y la política de la compasión como forma privilegiada del amor de Dios;
- Participación concreta y práctica en los propósitos y actividades del Espíritu de Dios en el mundo, entendida como la misión de Dios, en presencia, palabra y acción que comunican el evangelio del reino y la salvación que Dios ofrece;
- Involucramiento a favor de la libertad, la justicia y la paz (incluyendo la palabra profética, el servicio y la acción social) en el marco de la esperanza; etc.

En este tercer y último cuadro parcial de la iglesia como comunidad sanadora, se destaca por cierto la dimensión de vocación y misión. Es decir que la comunidad de fe, en tanto hermandad y morada del Espíritu, está llamada a crecer en encarnación como representante de Jesucristo cuya función terapéutica, diríamos, concretiza el amor al prójimo en contextos y situaciones particulares. Cabe reiterar que tal crecimiento supone e implica el desarrollo armonioso en las otras dos dimensiones también.

Sobre la integridad teológica y la funcionalidad psicológica

A manera de breve aclaración parentética, debemos establecer ciertas distinciones que son importantes en términos epistemológicos, metodológicos y práctico/clínicos. Por un lado acabamos de hacer referencia a una variedad de prácticas[10], como por ejemplo las actividades de servicio mutuo que son típicas de la vida y el ministerio de la iglesia como comunidad de salud y de sanidad. Por otro lado, también hemos aludido a experiencias, en el sentido de vivencias subjetivas (como el caso del sentido de aceptación, de la compasión, etc.). Tal como destacaremos en la próxima sección, aquellas prácticas y experiencias pueden agruparse según lo que hemos llamado la triple razón de ser de la iglesia--adoración,

[10]Es fundamental tener claridad sobre la importancia de las *prácticas* eclesiales, en el sentido de aquellas actividades compartidas en, y desde la iglesia, las cuales en parte definen a ésta y en parte la constituyen como comunidad de fe. Cuando tales prácticas son especialmente enfocadas con intencionalidad y consistencia, les llamamos *disciplinas*, tales como las que corresponden a la oración, el estudio bíblico, la meditación, el servicio, y muchísimas otras. También es de suma importancia reconocer que, en buena medida, las prácticas de la iglesia en medio de nuestra situación histórica, resultan ser «contraculturales» por varios motivos (por ejemplo: suponen un legado histórico y bíblico-teológico no necesariamente reconocido en nuestras culturas, son comunales antes que individuales, a menudo van «contra la corriente» de los valores predominantes y prácticas sociales convencionales, etc.). Por último, debemos saber que las multiformes prácticas de la iglesia como tales no causan la fe, la salud, y el crecimiento (tal como explica el apóstol Pablo, todo eso es obra de Dios, I Cor 3:5-9). Sin embargo son esenciales porque nos colocan en situaciones donde reconocemos o anticipamos que la gracia de Dios se manifiesta de forma especial. Por eso es indispensable participar en las prácticas de la iglesia.

comunidad, y misión. Ahora bien, el efecto y el significado de tales prácticas y experiencias, como las que mencionamos a manera de ilustración en términos de plenitud humana y de salud, deben percibirse en perspectiva teológica y psicológica en forma integrada; sin embargo, dichas perspectivas no deben simplemente confundirse.[11]

Cuando se discierne y se evalúa la realidad de la iglesia como comunidad de salud y sanidad, nuestra reflexión debe afirmar la prioridad de la pertinencia y la integridad teológica junto con la funcionalidad psicológica que pueda apreciarse concretamente en esa realidad en un contexto dado. Además conviene hacer ciertas distinciones entre la realidad de la vida de la fe cristiana por los caminos del reino de Dios, incluyendo desde luego su proyección escatológica, y lo que podría llamarse «beneficios secundarios» o «derivados» (como por ejemplo el sentido de pertenencia, la neutralización de sentimientos de soledad y angustia o culpabilidad, etc.). Tal distinción es necesaria además en la medida en que nos seduzca la inclinación hacia la «gracia barata» y tendamos a

---

[11]Estamos por lo tanto en desacuerdo con la siguiente afirmación que aparece en el prólogo del libro ya citado de Alberto D. Gandini, *La iglesia como comunidad sanadora*, p. 6: «En el caso particular de la psicología, cuando examinamos el concepto psicológico de madurez o de personalidad estable, descubrimos que coincide plenamente con el concepto de hombre maduro o perfecto en el Nuevo Testamento». La razón de nuestro desacuerdo es doble: primero, porque en psicología hay diversos conceptos de «madurez» y «estabilidad» (por ejemplo los que provienen de psicologías psicodinámicas y de las humanistas) no necesariamente coincidentes entre sí; segundo, porque en el Nuevo Testamento, la visión del mundo y de la vida y el marco ético-valorativo de la política y la ética de Dios, afines a la teología antropológica que allí se afirma, tienden a estar en conflicto con las visiones metafísicas y éticas que subyacen a las concepciones de las psicologias contemporáneas. Sobre este punto véase, Don A. Browning, *Religious Thought and the Modern Psychologies: A Critical Conversation in the Theology of Culture* (Philadelphia: Fortress, 1987), y Stanton L. Jones & Richard E. Butman, *Modern Psychotherapies: A Comprehensive Christian Appraisal* (Downers Grove: InterVarsity, 1991). Entre los autores latinoamericanos que han aludido a esta problemática, cabe destacar a Jorge Maldonado—«La psicología pastoral que surge en América Latina», *Boletín Teológico*, 18:23 (septiembre 1986), pp. 149-173, y Pablo Polischuk, *El consejo terapéutico: manual para pastores y consejeros*, especialmente caps. 1 y 2.

subestimar o dejar de lado las expectativas y las responsabilidades inherentes a la vida del reino (como por ejemplo compartir las cargas en la hermandad, solidarizarnos eficazmente con los oprimidos, renunciar a nuestros privilegios por motivos de clase, sexo, raza o religión; experimentar tensión y sufrimiento a causa de nuestra fidelidad, etc.)[12]

Idealmente, la integridad teológica de nuestras prácticas y experiencias (por ejemplo una adecuada imagen de Dios que nos invita a colaborar en su reino) será compatible con la funcionalidad psicológica de las mismas (por ejemplo un sentido de orientación vocacional que integra nuestros intereses y habilidades). Sin embargo, es posible que a veces exista disonancia y aún contradicción entre las normas psicológicas--por ejemplo, en cuanto a pautas de autonomía personal y autorealización, sentimientos de seguridad y reducción de ansiedad, etc.--y las normas teológicas--por ejemplo, sobre las expectativas del discipulado cristiano en cuanto a fidelidad al evangelio, que a menudo nos colocan en situaciones de conflicto y vulnerabilidad[13].

---

[12]Lo que deseamos destacar primeramente es la absoluta prioridad de la salvación y la salud como don divino y como plena humanidad, junto con la noción de la nueva creación a la luz de Jesucristo, o sea la vida restaurándose y potenciándose en el marco del reino de Dios. En segundo lugar enfatizamos que lo que hemos llamado «beneficios secundarios o derivados» no necesariamente acompañan aquella realidad (al menos no necesariamente tal como los define nuestra cultura o aún la psicología misma). Esta situación, que lamentablemente no se ha considerado con suficientemente profundidad en el campo de la psicología pastoral, la comenzamos a plantear en nuestros primeros ensayos sobre este tema: Daniel S. Schipani, «La iglesia como comunidad terapéutica», *Psicología Pastoral* I:5 (Octubre-Diciembre, 1973): 24-28; y «Comunidad terapéutica y naturaleza y misión de la iglesia», *Psicología Pastoral* II:6 (Enero-Marzo, 1974): 8-15.

[13]Deborah van Deusen Hunsinger incluye el tema de las posibles relaciones entre las normas teológicas y psicológicas en su importante libro, *Theology & Pastoral Counseling: A New Interdisciplinary Approach* (Grand Rapids: Eerdmans, 1995), cap. 4.

LA IGLESIA COMO REVELACIÓN DE LA VIDA DE DIOS

En su clásico ensayo, *Vida en comunidad*, Dietrich Bonhoeffer destaca enfáticamente un doble postulado eclesiológico: en primer lugar, la hermandad cristiana no es meramente un ideal sino una realidad divina; en segundo lugar, y por fundarse en Jesucristo, esa comunidad es una realidad pneumática más bien que una realidad psíquica y, como tal, absolutamente diferente de todas las demás comunidades[14]. Si estamos de acuerdo en principio con semejante postulado, como en nuestro caso, el desafío que tenemos es cómo reconceptualizar una adecuada comprensión del mismo. Esto es precisamente lo que haremos en esta sección, aunque utilizando, claro está, un lenguaje un tanto distinto del de Bonhoeffer.

Sacramento y revelación

A la luz del tema específico que nos interesa desarrollar, nuestra propuesta es que *la iglesia es la comunidad de salud y sanidad por excelencia en tanto sacramento verdadero, fiel y eficaz de la vida de Dios en el mundo*. Entendemos que ésta es una manera pertinente y especial de aludir a esa realidad divina y pneumática de que hablaba aquel notable teólogo. Notemos primeramente el uso del término «sacramento», el cual nos conviene recuperar para nuestra reflexión teológico-pastoral. Utilizamos aquí la noción de la iglesia como sacramento con un triple sentido. Primero, la iglesia está llamada a ser *señal* visible y clara que indica o apunta en la dirección de la salud y la salvación y de las manifestaciones del reinado de Dios en el mundo y en la historia. Segundo, también ha de ser *símbolo* e *imagen* (imago Dei) que representa veraz y fielmente dicho reinado, es decir la vida misma a partir de Dios, y aún la vida misma de Dios. Y en tercer lugar, la iglesia debe llegar a ser *agente y medio de*

---

[14]Dietrich Bonhoeffer, *Vida en comunidad* (Buenos Aires: La Aurora, 1966), cap. 1. Si tenemos en cuenta la percepción psicológica de Bonhoeffer, notable en esta obra y en sus otros escritos, podremos apreciar mejor la importancia de sus observaciones críticas respecto a la perspectiva y la aportación de la psicología así como la significación teológico-pastoral de sus consideraciones constructivas.

gracia, es decir instrumento mediatizador eficaz de la gracia divina en medio de la historia.

En otros términos, la iglesia está llamada a ser la comunidad alternativa de Dios en el contexto de la situación histórica--es decir, como «la ciudad asentada sobre un monte» (Mateo 5:14). Atrevidamente y, de hecho, a tono con la declaración de la Carta a los Efesios sobre la plenitud de Dios y de Cristo (Ef 3:19, 4:13), diríamos que, según la expectativa divina, la iglesia ha de ser en principio el sueño o el proyecto de Dios para la humanidad en proceso de realización. En su vida y su obra ella está comisionada y capacitada para desarrollar el ministerio liberador, recreador, reconciliador y sanador de Jesús mismo (Juan 20:21). La proclama del reino que viene (Mr 1:15) es también la agenda de la iglesia como señal, símbolo e imagen, y agente especial del amor divino y, por lo tanto, de la nueva realidad de libertad, justicia, paz, y esperanza, a la que Dios invita y convoca a todos los seres humanos.

En esta perspectiva, por lo tanto, afirmamos a la iglesia como contexto de salud y comunidad sanadora en la medida en que, como don divino, se va formando y transformando en sacramento fiel, verdadero, y eficaz. En otras palabras cabe también decir que la iglesia está llamada a crecer como revelación viviente en medio de la historia de la vida y del amor de Dios en el mundo y a favor del mundo. No estamos afirmando, sin embargo, la supuesta perfección de la comunidad de fe en el sentido de ausencia total de fallas y omisiones; creemos más bien que la expectativa divina es el desarrollo y la maduración integral de la iglesia en consonancia con su naturaleza y su destino. Lo que sí afirmamos es su vida y ministerio en el marco del reinado de Dios y su disposición a demostrar y a compartir el poder transformador de la gracia divina.

Notemos sin embargo que afirmamos el llamado a *ser revelación*, y no a «poseer» la revelación[15]. La idea es que la iglesia

---

[15]Como podemos documentar abundantemente, toda vez que la iglesia pretende «poseer» a la revelación de Dios, lejos de ser comunidad salvífica y sanadora se convierte en lo contrario, en una amenaza espiritual, emocional-social, y aún física, no sólo para sus propios miembros sino también para quienes entran en contacto con ella.

deviene comunidad sacramental en el sentido de que es la revelación divina la que posee a la iglesia, por así decir. Es entonces cuando la iglesia puede ir asumiendo lo que podríamos llamar la *buena forma*[16] de la salud y de la vida a la luz de la vida de Dios; es la buena forma de la «economía» de Dios en el sentido más profundo y comprensivo del término. Esta buena forma no es entonces un mero proyecto de humanización junto a otros proyectos y visiones provenientes de las ciencias humanas (incluyendo a la psicología), o de alguna otra ideología.

Podemos imaginar a nuestras comunidades de fe como reflejos únicos, históricos y contextualizados del amor a Dios, al prójimo, y a nosotros y nosotras mismas. Esto es seguramente lo que el apóstol Pablo tenía en mente al referirse a la forma de Cristo siendo asumida entre las y los fieles (Cristo formándose en nuestro medio, y nosotros conformándonos a Cristo: Gál 3:27-28, 4:19; Col 2:10, 3:4,9-12, etc.); o sea que se trata de lo que denominaríamos una «revelación cristomórfica».

En sencillas palabras, por lo tanto, *la iglesia llega ser una comunidad de salud y comunidad sanadora en la medida en que es auténticamente iglesia* y participa en la vida trinitaria de Dios en el mundo como pueblo de Dios, cuerpo de Cristo y hermandad y morada del Espíritu. No es tal comunidad primera y principalmente porque tenga un buen programa comprensivo de salud integral y de cuidado y consejo pastoral en particular; es comunidad de salud y de sanidad, esencialmente, cuando por la gracia divina y el poder y la guía del Espíritu se comporta fiel y genuinamente como iglesia.

Adoración, comunidad, y misión

La iglesia expresa su identidad y su naturaleza trinitaria de una manera práctica y funcional, y lo hace en término de lo que hemos llamado su triple razón de ser: adoración, comunidad, y

---

[16]El concepto de «buena forma»–originalmente propuesto por la psicología de la Gestalt–lo adoptamos por cierto metafóricamente; como veremos enseguida, puede servirnos al conectarlo con las reflexiones teológico-pastorales del apóstol Pablo.

misión.[17] En su praxis cotidiana la comunidad de fe no puede sino representar concretamente aquellas imágenes y metáforas bíblicas--pueblo de Dios, cuerpo de Cristo, hermandad y morada del Espíritu--y ejercer su ministerio como representante de Jesucristo en el marco de ciertas arenas o dimensiones esenciales en que la iglesia se desarrolla y que están íntimamente relacionadas entre sí. Las llamamos esenciales, en el sentido de necesarias e indispensables, porque juntas contribuyen a definir su «eclesialidad», o sea el ser iglesia y no otra cosa.

A riesgo de sobresimplificar, diríamos que en la *adoración* el foco de atención está en nuestra relación con Dios; en la experiencia de *comunidad*, el foco reside en las relaciones mutuas como hermanas y hermanos en la fe; y en la *misión* lo que se enfoca es el mundo a nuestro derredor y nuestra vida y nuestras prácticas en y a favor del mundo. Podemos añadir que esta manera de conceptualizar la triple razón de ser de la iglesia se vincula directamente a nuestra comprensión del «gran mandamiento» y su triple referencia al amor a Dios y al prójimo como a nosotros mismos (Mr 12:28-34). En otras palabras, adoración, comunidad, y misión son las arenas en que ocurren la vida y el ministerio de la iglesia como manifestaciones eclesiales concretas del amor en sus tres dimensiones.

Es obvio que esas tres facetas o arenas no pueden separarse nítidamente. Antes afirmamos que la iglesia es simultáneamente pueblo de Dios, cuerpo de Cristo, y hermandad y morada del Espíritu. Ahora podemos afirmar correlativamente también que la iglesia vive para adorar, es decir para reconocer y celebrar el reinado de Dios; la iglesia existe para ser (y hacer) comunidad, o sea para corporizar histórica y socialmente tal reinado como familia de Dios; y también vive y ministra para hacer (y ser) misión, es decir para representar, anunciar, y participar en la realidad del reino en medio de la historia. Por lo tanto, el crecimiento saludable de la iglesia se debe

---

[17]Véase, Daniel S. Schipani, «Crezcamos en todo...en Cristo», en, Fraternidad Teológica Latinoamericana, *Misión en el camino: ensayos en homenaje a Orlando E. Costas* (Florida, Buenos Aires: FTL, 1992) pp. 115-128, y *Comunicación con la Juventud: pautas para una nueva pastoral* (San Juan: Seminario Evangélico de Puerto Rico, 1994) pp. 46-56.

manifestar necesariamente en todas y cada una de las tres dimensiones que hacen a su triple razón de ser. El diagrama siguiente representa un modelo sistémico o ecológico de la iglesia según su triple razón de ser.

Modelo ecológico de la iglesia y su triple razón de ser

Destacamos así la interacción y la influencia recíproca entre las tres áreas (por eso las flechas van en todas direcciones) y una distinción sin separación completa entre las mismas (por eso utilizamos líneas entrecortadas). En el centro de la figura hemos ubicado a los diversos ministerios, más o menos especializados, como lo es el del cuidado y el consejo pastoral (además de los correspondientes a la enseñanza, la predicación, la música, la administración, y otros). De esta forma indicamos que los ministerios no son fines en sí mismos sino que están precisamente al servicio de la triple razón de ser de la iglesia (por eso la palabra «ministerios» aparece en minúsculas). Además notamos una relación de reciprocidad entre la adoración, la comunidad, y la misión de la iglesia, y los ministerios propiamente dichos.

HACIA UN NUEVO PARADIGMA EN PSICOLOGÍA PASTORAL

Las consideraciones anteriores nos indican la dirección que marca un cambio de rumbo tanto en la práctica como en la teoría de la psicología pastoral.[18] A continuación indicamos cuatro pautas específicas a la manera de hipótesis normativas; las mismas definen una buena parte del contenido del nuevo diseño y deben considerarse como íntimamente relacionadas entre sí.

Primero, **la psicología pastoral debe definirse en términos de los ministerios de la iglesia y de la teología práctica y pastoral.** En tanto que hacer práctico, la psicología pastoral debe percibirse y realizarse como un «campo», es decir como psicología aplicada en el contexto de la vida y el ministerio de la iglesia y, por lo tanto, una dimensión de la pastoral. Aquí entendemos *pastoral como la tarea multifacética de la comunidad de fe a la luz del proyecto de Dios para el mundo en medio de nuestra realidad social concreta*. En tanto quehacer teórico, la psicología pastoral debe percibirse como una «disciplina». La disciplina de la psicología pastoral contribuye a la antropología teológica y sirve para fundamentar parcialmente la práctica y la teoría del ministerio cristiano en sentido amplio así como en sus diversas modalidades (tales como el cuidado y el consejo pastoral, la orientación y la terapia de la pareja y la familia, la educación cristiana, la predicación, y otras). Las dimensiones prácticas y teóricas de la psicología pastoral deben entenderse y apreciarse como íntimamente relacionadas entre sí y contribuyendo especialmente a la teología práctica y pastoral. Reiteremos que la teología práctica consiste en la reflexión crítica y constructiva que emerge de la vida y el ministerio de la comunidad de fe y que a su vez

---

[18] La necesidad del cambio de rumbo la planteamos originalmente en la Primera Consulta Latinoamericana de Psicología Pastoral, que se celebró en Buenos Aires en octubre de 1981, con la ponencia titulada «Pautas para una psicología pastoral preventiva». Años más tarde presentamos el primer esbozo de un nuevo diseño en el Seminario Bíblico Latinoamericano (San José de Costa Rica), en cinco conferencias para la Cátedra Strachan, en agosto de 1990, en torno al tema «La tarea de la psicología pastoral en la visión del reino».

procura orientar el camino de la iglesia por los senderos del reino de Dios.

Segundo, por ser un aspecto de la pastoral de la iglesia y de la teología pastoral, **la práctica y la teoría de la psicología pastoral al servicio de la iglesia y sus ministerios deben privilegiar sus fundamentos pastorales y bíblico-teológicos.** Esto desde luego implica un rico diálogo y también un trabajo interdisciplinario creativo, especialmente con las ciencias humanas[19]. En el caso particular de la psicología, la presencia de elementos metapsicológicos, es decir incorporados desde más allá de la psicología misma como ciencia, nos presenta un doble desafío. Tal desafío consiste en que todas las corrientes o escuelas psicológicas, y de manera especial aquellas aplicadas a la psicoterapia (y por lo tanto potencial y directamente útiles para el consejo pastoral especialmente) incluyen supuestos básicos sobre la naturaleza de la realidad y también diversas implicancias ético-valorativas[20]. Por tal motivo es necesario ejercer constantemente un discernimiento cuidadoso de nuestros marcos normativos respecto a la visión del mundo y de la vida y la naturaleza de la realidad que es parte del contenido de nuestra fe. Y también es indispensable mantener claridad respecto a las cuestiones epistemológicas y metodológicas involucradas en el trabajo interdisciplinario. En el próximo párrafo explicitamos brevemente nuestra manera de abordar este desafío.

---

[19]Un buen ejemplo de trabajo interdisciplinario creativo se encuentra en la labor de Carlos J. Hernández; véase su libro, *O lugar do sagrado na terapia* (S. Paulo: Corpo de Psicólogos e Psiquiatras Cristaos, 1986). También puede consultarse la rica producción del «Corpo de Psicólogos e Psiquiatras Cristaos» del Brasil, tal como se documenta en su boletín, *Psicoteologia*, en idioma portugués.

[20]El libro de Browning ya citado, *Religious Thought and the Modern Psychologies*, es particularmente útil para nosotros en este aspecto. Browning examina las principales escuelas psicológicas con el objetivo preciso de revelar y exponer sus supuestos metafísicos y la orientación moral hacia la buena vida que tales psicologías proponen. Su principal argumento es que, en la medida en que la psicología–y especialmente la psicología clínica–funciona como teoría del ser y como orientación ética, se la debe confrontar teológicamente al mismo nivel (o sea el nivel de las visiones del mundo y de la vida y de la guía ética de la conducta humana).

Las perspectivas y contribuciones psicológicas deben considerarse como diferentes de las interpretaciones teológicas pero junto con ellas. Además, el material psicológico debe utilizarse crítica y constructivamente dentro de nuestra comprensión y marco teológico normativo más amplio. En otras palabras, privilegiar los fundamentos pastorales y bíblico-teológicos en la relación entre la psicología y la teología para nosotros significa la aplicación del llamado «modelo de Calcedonia» con sus tres rasgos formales: a) *diferenciación*--las disciplinas no deben confundirse o cambiarse en forma reduccionista (por ejemplo interpretando toda conducta psicológicamente o teológicamente) sino que debe preservarse la integridad única de cada cual; b) *unidad*--ambas disciplinas se consideran lado a lado, sin separación o división porque las dos presentan lecturas necesarias y complementarias de la situación humana; y c) *orden o asimetría*--las disciplinas se relacionan en forma asimétrica, es decir con la prioridad conceptual de la teología sobre la psicología[21].

Tercero, **la psicología pastoral ha de dar atención prioritaria a la formación, la transformación y la capacitación de la comunidad de fe.** Como hemos afirmado reiteradamente, la iglesia debe ser un contexto de salud y sanidad y una ecología de cuidado y discipulado[22]. Ahora debemos destacar que nuestros esfuerzos

[21]El «modelo (o patrón) de Calcedonia» se originó en el siglo quinto en medio de diversas controversias cristológicas, con el fin de guiar a la iglesia en su comprensión de Jesucristo como divino y humano. En tanto instrumento conceptual formal, el «modelo de Calcedonia» ha sido identificado como una estructura característica en el pensamiento de Karl Barth y también como aplicable a una variedad de cuestiones sustantivas. La aplicación del modelo para establecer la relación entre teología y psicología tal como aquí proponemos se presenta sistemáticamente en el libro ya citado de Deborah van Deusen Hunsinger, *Theology and Pastoral Counseling*. En el plano práctico, van Deusen Hunsinger argumenta que, junto con la claridad metodológica que trae la correcta aplicación del modelo, las personas involucradas en consejo pastoral deben volverse «bilingües» en el sentido de capacitarse adecuadamente en el uso del lenguaje de cada una de las disciplinas. Demás está decir que se pueden hacer afirmaciones análogas en el caso de otros tipos de ministerio cristiano como el de la educación.

[22]La idea de la iglesia como ecología de cuidado y discipulado se presenta concretamente en términos de la pastoral con la juventud en el libro ya citado, Schipani y colab., *Comunicación con la juventud: diseño para una nueva pastoral*, especialmente caps. 2 y 3.

específicos han de estar enfocados principalmente hacia la formación de la iglesia en conformidad con la vida de Dios en el mundo. En otras palabras, las consideraciones que tradicionalmente han predominado en nuestra comprensión de la psicología pastoral con respecto a la «salud mental y emocional» por cierto no se descartan; seguirán atendiéndose pero pasarán a un segundo plano. Lo que importa prioritariamente es la formación de discípulas y discípulos de Jesucristo según criterios de fidelidad y madurez espiritual. De modo que el valioso instrumental de la psicología, y muy especialmente en el caso del consejo pastoral, recibe un nuevo ímpetu, un nuevo sentido de dirección, y un nuevo reto.

Algunas de las preguntas clave que ahora debemos plantearnos son las siguientes: ¿cómo contribuiremos a habilitar a nuestra gente para amar mejor a Dios, y para reconocer y celebrar su reinado (clave de la vida de *adoración*)?; ¿de qué maneras concretas les asistiremos desde la psicología y el consejo pastoral para que crezcan en el amor a sí mismas y en el equipamiento para su vida como familia de Dios (clave de la *comunidad*)?; y ¿cuál será nuestra contribución psicológico-pastoral en su crecimiento en el amor al prójimo y en su llamado a representar, anunciar en hecho y palabras, y participar en lo que Dios quiere hacer en este mundo y en esta cultura (clave de la *misión*)? Estas consideraciones están a su vez íntimamente vinculadas con las que presentamos, por último, a continuación a la manera de meta y objetivos para nuestra labor.

Cuarto, **la psicología pastoral ha de orientarse hacia la meta de promover el emerger humano a la luz de Jesucristo y el evangelio del reino.** Como en todo ministerio, en el caso de la psicología pastoral obramos con la convicción de ser colaboradores del Espíritu divino a la manera de socias y socios suyos, por así decir. El aprendizaje transformador, el crecimiento y la maduración, la salud y la sanidad no son el fruto directo de nuestros esfuerzos sino que son dádivas divinas (I Cor 3:5-11); sin embargo nuestra contribución es indispensable en todo proceso de humanización--o sea, llegar a ser «más humanos»--aunque tal proceso se comprenda primordialmente en perspectiva teológica. En otras palabras, utilizamos la palabra *promover* en el sentido múltiple de acompañar y colaborar, estimular, apoyar, facilitar y guiar procesos de formación y transformación determinados por la experiencia y la comprensión de Jesucristo como paradigma de vida y ministerio. En este contexto, por lo tanto, nos referimos al emerger humano en términos de la dádiva y la promesa divina de auténtica libertad y plenitud humana. Además, lo que se connota es la humanización de acuerdo al marco ético-político y escatológico del reinado de Dios donde prevalecen el amor, la justicia, la paz, y la esperanza[23]. Estamos aludiendo por lo tanto a la *restauración de la imagen de Dios en la persona humana*.

El emerger humano es visto entonces como promesa y don de Dios y también como invitación suya y responsabilidad nuestra. Es por eso que esta manera de concebir el emerger humano no puede reducirse a la nociones psicológicas de desarrollo, maduración, y salud aunque, como ya hemos señalado, debemos saber establecer conexiones con el desarrollo humano «natural» y con el conocimiento psicológico como tal. Con la frase «a la luz de Jesucristo» se identifica la norma fundamental de la salud y la plenitud humana, tal como se expresa en la Carta a los Efesios (4:15),«...crezcamos en todo...en Cristo». La norma es nada menos que Jesucristo mismo, el paradigma para todas y para todos--es decir, formarnos y trasformarnos a su medida--al tiempo que llegamos a ser versiones personales únicas del amor de Dios--o sea que Cristo va asumiendo nuestra forma especial también.

Nuestra práctica y reflexión nos ha conducido a proponer que la noción de la «forma de Cristo»--o sea la *buena forma* a que ya hemos aludido antes--puede y debe identificarse concretamente también en términos de la estructura del espíritu humano[24], si es que

---

[23]Sobre este punto y el marco ético-teológico y eclesiológico correspondiente, véase el importante libro de Alvin C. Dueck, *Between Jerusalem & Athens: Ethical Perspectives on Culture, Religion, and Psychotherapy* (Grand Rapids: Baker Books, 1995); considérense especialmente: Part 1–«The Reign of God as an Ethical Culture»–y Part 2–«The Church as Ethical Community».

[24]Es el fundamentar nuestra personalidad y nuestro ministerio en la vida trinitaria de Dios lo que nos permite referirnos a la persona humana en términos de *espíritu* a la luz de la fe y la teología cristiana. Como bien afirma Leonardo Boff, nuestra comunión con el Dios Triuno así cimenta nuestra intuición de que los seres humanos somos realmente imagen y semejanza suya (Gén 1:27). Además, a partir

habrá de suplir el contenido esencial en la orientación de nuestro ministerio. Así hemos descubierto que cabe hablar de tal forma trinitariamente y en forma correlativa a la concepción trinitaria de la iglesia: **la psicología pastoral (y el consejo pastoral en particular) contribuye a promover el emerger humano en la medida en que tal ministerio se orienta hacia el crecimiento de la visión del Dios viviente, la virtud de Cristo, y la vocación del Espíritu**; las tres dimensiones son inseparables y deben considerarse en íntima relación entre sí[25].

Crecer en la visión del Dios viviente significa aprender a ver la realidad con los mismos ojos de Dios, metafóricamente hablando. Y esto comienza con el desarrollo de una nueva capacidad para la receptividad, para prestar atención a Dios, a los demás y al mundo, y a uno mismo. También es cuestión de «lentes» en el sentido de poder percibir las cosas, y especialmente a los seres humanos, según las sensibilidades y disposiciones del corazón de Cristo (Mt 9:36) o con la «mente de Cristo» (I Cor 2:16). La visión del Dios viviente además incluye cierta ubicación y perspectiva que se debe privilegiar a menudo como es la de la periferia y la de los marginados y oprimidos (cuyo punto de vista puede ser más confiable en relación a revelarnos lo que Dios quiere y lo que contradice su voluntad). Crecer en esta dimensión también implica desarrollar una visión alternativa y de tipo profética de cara a las visiones convencionales «normales» que predominan en nuestra cultura, en dos sentidos principales: por un lado el desarrollo de una conciencia crítica, desmitificadora, capaz de descubrir engaños y de resistir a la fascinación, las ilusiones y las

---

de nuestra reflexión en torno al emerger humano, afirmamos con Boff que cuanto más fielmente vivimos conforme a nuestra naturaleza básica en la pureza y plenitud de su corporeidad–como comunidades de fe y como personas–mayor es la posibilidad de revelar a la Trinidad en la historia y de avanzar en el camino de acceso al misterio último que habita en su propia profundidad existencial, el Padre, el Hijo, y el Espíritu Santo. Boff, *A Trinidade e a sociedade* (Petrópolis: Voces, 1987) cap. 5.

[25]Aquí sólo presentaremos una breve síntesis de nuestra propuesta en este punto a manera de ilustración principalmente y para invitar reflexión adicional y diálogo. En un libro en preparación se dedica todo un capítulo al tema de la meta del emerger humano a la luz de Jesucristo.

falsedades de cualquier ideología; por otro lado, el ejercicio de la imaginación creadora capaz de vislumbrar alternativas mejores afines a los sueños de Dios de salud y plenitud para el mundo y para la humanidad en particular. Crecer en visión incluye asimismo el desarrollo de la capacidad de discernimiento espiritual, el ver a profundidad por así decir, sobre todo para percibir y comprender y responder mejor a la presencia de Dios en la propia vida y en su actividad en el mundo. Por último, un crecimiento tan rico supone y requiere el crecimiento en términos de virtud y de vocación, tal como se indica a continuación.

Crecer en la virtud de Cristo es fundamentalmente una cuestión de identidad y de carácter moral; es desarrollar y ejercitar las pasiones, los afectos profundos, y las disposiciones y hábitos del corazón que constituyen el contenido del carácter cristiano. Se trata de las cualidades y virtudes (en plural) como las que se incluyen en la descripción de la cosecha (o el fruto) del Espíritu en Gál 5:22-26: amor, gozo, paz, paciencia, amabilidad, generosidad, fidelidad, humildad, templanza...Estas y otras virtudes son las fortalezas, destrezas y capacidades morales que valoramos como tales en el seno de la comunidad de fe donde se deben promover y ejercitar intencionalmente por medio de las prácticas y disciplinas inherentes a esa realidad dinámica que es la *koinonia*. Crecer en la virtud de Cristo es responder a la invitación divina de desarrollarnos moralmente con una espiritualidad alternativa que resiste las fuerzas domesticadoras de nuestra sociedad. Como Jesús lo demostró, necesitamos superar las moralidades convencionales--sean éstas de tipo «gentil» o de tipo «fariseo»--según la ética del reino y la política de Dios. Se trata en realidad de un proceso continuo de formación y transformación en que el carácter de Cristo define el contenido y la forma de la virtud que se requiere para participar en las actividades creativas, liberadoras, y renovadoras de Dios en el mundo. Por lo tanto, el crecimiento en virtud supone y necesita del crecimiento en lo que hemos llamado la visión del Dios viviente y la vocación del Espíritu.

Crecer en la vocación del Espíritu significa una participación creciente e intencional en la vida del Espíritu de Dios en el mundo. La vocación se entiende así en un doble sentido: la invitación o el llamamiento que Dios nos hace a participar y colaborar en sus propósitos y actividades en medio de la historia, y también, de acuerdo a tal iniciativa divina, la apropiación de ese llamamiento en la manera de una respuesta existencial con todo nuestro ser. Crecer en vocación incluye la orquestación de las relaciones, la recreación y el ocio, el trabajo, nuestra vida privada y pública, los talentos, las energías, el tiempo y los recursos sobre los que ejercemos mayordomía. Se trata del reconocimiento sabio, fiel y pertinente de nuestro lugar y papel en la vida; es enfocar nuestra vida en el servicio a Dios, el amor al prójimo, y el cuidado del ambiente no humano también. Bien entendida, nuestra vocación da coherencia y sentido de propósito, integridad, coraje, y significado a nuestra vida toda. También incluye un proceso de compromiso y un continuo discernimiento comunitario de dones, oportunidades y desafíos, así como el hallar los medios y recursos y los contextos donde nuestros talentos pueden invertirse y ponerse a disposición de Quien nos llama a colaborar en su reino, es decir de la causa liberadora, reconciliadora y recreadora de Dios. Por lo tanto, hablar de vocación es referirnos a estilos de vida cristianos como maneras de ser, vivir y servir que personalizan y contextualizan el imperativo del amor. Crecer en la vocación del Espíritu, por lo tanto, supone y necesita del crecimiento en la visión y la virtud, como hemos señalado en los dos párrafos anteriores.

CONCLUSIÓN

En este capítulo hemos considerado el fundamento y marco de referencia eclesiológico con que trabajamos y reflexionamos en el consejo pastoral como ministerio de la iglesia. Ha sido sobre todo un ejercicio en teología pastoral y práctica en torno a una tesis central: *la iglesia es comunidad de salud y sanadora en la medida en que deviene sacramento veraz, fiel y eficaz de la vida de Dios en el mundo y en medio de la historia*. Partiendo de la base y la estructura trinitaria de nuestra fe y de la comunidad cristiana, afirmamos primeramente ciertas marcas de la iglesia como comunidad sanadora por excelencia. Seguidamente definimos la triple razón de ser de aquélla de forma tal que se reubica al consejo pastoral, junto a otros ministerios y en continuidad funcional con ellos, al servicio de la vida de adoración, comunidad y misión. Por último establecimos cuatro pautas específicas, a manera de hipótesis normativas, como propuesta para una nuevo paradigma con el que podemos encuadrar y orientar nuestra labor práctica y teórica en los años venideros.

2
BASES BÍBLICAS Y TEOLÓGICAS DE LA CONSEJERÍA PASTORAL

por Pablo A. Jiménez

INTRODUCCIÓN

«¿Cuál es la diferencia básica entre un psicólogo y un consejero pastoral?» Esa fue la pregunta con la cual Daniel S. Schipani comenzó el curso básico de consejería pastoral que tomé durante mi primer año de seminario. En esta ocasión, casi 15 años después, me toca lidiar con la respuesta a esa pregunta.

Lo que hace que esta disciplina sea verdaderamente «pastoral» es que ocurre dentro de un contexto informado por la tradición judeocristiana.[1] Es decir, la consejería que se lleva a cabo en el contexto de la comunidad de fe es «pastoral» porque es parte de la tarea de la iglesia de Dios y porque está informada por conceptos bíblicos y teológicos cristianos.

Esto implica que la consejería pastoral ocurre en un contexto moral.[2] Esta disciplina se fundamenta en un contexto teológico lleno de significados morales. Cuando una persona acude a la pastora de su iglesia en busca de consejo para enfrentar sus problemas matrimoniales, sabe que la iglesia tiene una visión teológica del vínculo matrimonial. Más que un contrato entre dos partes--que puede ser disuelto a voluntad--la iglesia entiende que el matrimonio es una institución establecida por Dios. Ese entendimiento teológico hace que el acercamiento del consejero pastoral sea necesariamente distinto al del terapeuta secular.

---

[1] Donald S. Browning, «Introduction to Pastoral Counseling» en *Clinical Handbook of Pastoral Counseling* editado por Robert J. Wicks, Richard D. Parsons y Donald Capps (New York: Paulist Press, 1985), p. 6.

[2] Esta es la tesis de Donald S. Browning en *The Moral Context of Pastoral Care* (Philadelphia: The Westminster Press, 1976), pp. 12-37, 91-130, passim.

Las personas que buscan el consejo de sus agentes pastorales presuponen que las estrategias sugeridas por éstos les ayudarán a trazar para enfrentar sus problemas estarán informadas por ese contexto ético, moral y religioso. Por esta razón, aquellos ministros que sólo emplean perspectivas psicológicas para aconsejar a sus feligreses, están privándolos de los recursos bíblicos y teológicos que necesitan para enfrentar la vida.[3] Es precisamente este contexto moral lo que les ayuda a discriminar entre lo correcto y lo incorrecto.

La tendencia actual se mueve en dirección a reafirmar estas dimensiones bíblicas y teológicas de la consejería pastoral. Los especialistas en el campo afirman que la teoría psicológica necesita un marco teológico y que--a pesar de lo útiles que puedan resultar los enfoques psicológicos en el proceso terapéutico--es la teología lo que finalmente debe usarse para articular el proceso de consejería.[4]

Las distintas teorías psicológicas pueden ayudarnos a comprender el desarrollo de la personalidad y el carácter de las personas que aconsejamos. Es decir, nos ayudan a explicar cómo han llegado a ser lo que son. Sin embargo, la psicología **no** informa acerca de los valores éticos, morales y religiosos que deben guiar el futuro de la persona aconsejada, una vez superados los problemas que la llevaron a nuestra oficina pastoral. La psicología ni debe ni puede indicarnos lo que la persona debe llegar a ser.[5] Si una teoría psicológica llegara a dictar las metas de la vida, sería una pseudo-religión, no una disciplina de estudio científico social.[6]

Después de esta breve introducción, en la cual hemos establecido el contexto eclesial de la disciplina, pasaremos a tratar los fundamentos teológicos de la consejería pastoral y a exponer algunos puntos importantes sobre el uso de la Biblia esta dimensión tan importante del ministerio de la iglesia.

---

[3] Ibid, p. 97.
[4] Clyde J. Streckel. «Directions in Pastoral Counseling» en *Clinical Handbook of Pastoral Counseling,* op. cit., pp. 28 y 32.
[5] Browning, «Introduction», p. 7.
[6] Ibid, p. 11.

FUNDAMENTO TRINITARIO DE LA CONSEJERÍA PASTORAL

La consejería pastoral es una rama y una expresión de la misión de Dios en el mundo. Es esta misión divina lo que mueve a la iglesia a alcanzar la humanidad con el mensaje liberador del evangelio.[7] Nótese que en lugar de hablar de la misión de la iglesia estamos hablando de la misión *de Dios (missio dei)*. Esto se debe a que la misión es el movimiento de Dios hacia el mundo; un movimiento que se manifiesta en los actos salvíficos de Dios en el Antiguo Testamento, en la encarnación, el ministerio y la pasión de nuestro Señor Jesucristo y en la actividad del Espíritu Santo en medio de la humanidad.[8] Es este movimiento salvífico de Dios lo que ha creado la iglesia. En este sentido, la iglesia es «misionera» porque participa de la misión divina y porque es uno de los instrumento que Dios utiliza para liberar a la humanidad de las manifestaciones y consecuencias del pecado y de la muerte.

Esta visión de la misión divina y de la tarea pastoral de la iglesia nos lleva a proponer *un modelo trinitario para la consejería pastoral.* Es decir, implica que la persona de Dios ofrece el modelo que debemos seguir en nuestra práctica de la disciplina.

El Antiguo Testamento revela a Dios como el campeón de las fuerzas de la vida. Este Dios de la vida lucha continuamente contra las fuerzas del pecado y la muerte intentan destruir a la humanidad. Esta acción salvífica de Dios la vemos claramente en el relato de la creación (Gen. 1-3). Estas narrativas afirman que Dios es quien creó el mundo (1.1), quien impuso el orden en medio del caos (1.2), y quien creó y bendijo a la humanidad (1.26-2.3). Este relato también narra con dolor cómo el ser humano pecó contra Dios, rebelándose en un intento inútil de hacerse «igual a Dios» (3.4-5). La

[7] David J. Bosch, *Witness to the World: The Christian Mission in Theological Perspective* (Atlanta: John Knox Press, 1980), p. 17.

[8] Esta es la tesis de Jürgen Moltmann en *The Church in the Power of the Spirit: A Contribution to Messianic Ecclesiology* (Minneapolis: Fortress Press, 1993), pp. 7-11.

caída fragmenta la personalidad del ser humano pues corrompe las cuatro relaciones que hacen posible la vida:[9]

1. *La relación ser humano - Dios:* La primera relación afectada por el pecado es la relación del ser humano con su creador. La anterior comunión con Dios ha sido sustituida por una acusación:[10] «la mujer que me diste por compañera me dio del árbol, y yo comí» (3.12). Podríamos decir que en la caída ocurre una *separación teológica.*
2. *La relación ser humano - ser humano:* El versículo citado anteriormente revela la ruptura de la relación del ser humano con los demás. *Esta es la separación sociológica.*
3. *La relación ser humano - naturaleza:* Otra relación afectada negativamente por el pecado es la relación del ser humano con la naturaleza. *Esta es la separación ecológica.*
4. *La relación ser humano - sí mismo:* La cuarta y última relación rota por la llegada de la muerte al ámbito humano es la relación del ser humano consigo mismo. El pecado causa vergüenza, temor, engaño, iras, rencillas y angustia existencial--elementos antes desconocidos para el ser humano. *Esta es la separación psicológica.*

Dios responde con amor a la rebelión humana. La primera pregunta del Dios soberano al ser humano caído es «¿Dónde estás tú?» (3.9). A partir de este punto la Biblia narrará la historia del Dios que, en lugar de destruir a la humanidad, se esfuerza por liberarla de las consecuencias del pecado y busca su bienestar integral (*shalom*).

Esta amorosa iniciativa divina es clara en el relato de Caín y Abel (Gen 4.1-16). Dios le advierte a un Caín cegado por la ira que «el pecado está a la puerta» (v. 7). Caín no escucha la advertencia divina y asesina a su hermano (v. 8). Dios castiga a Caín y le condena a ser un vagabundo errante (Hb. «nad», v. 12) en la tierra de Nod (v. 16). En este punto la historia toma un giro sorpresivo. El castigado se

[9] En esta sección sigo la interpretación de Francis A. Schaeffer en *Genesis in Space and Time: The Flow of Biblical History* (Downers Grove, Illinois: InterVarsity Press, 1972), pp. 85-101, passim.

[10] Gerhard von Rad, *El libro del Génesis* (Salamanca: Ediciones Sígueme, 1977), p. 110.

queja de la magnitud de su castigo (vv. 13-14), expresando su temor a la muerte. Ante este reclamo, Dios «puso una señal en Caín, para que no lo matase cualquiera que le hallara» (v. 16).

Estos principios bíblicos y teológicos, derivados de la doctrina de Dios, nos llevan a afirmar que la consejería pastoral debe procurar todo aquello que afirme y posibilite el pleno disfrute de la vida humana de acuerdo a la voluntad divina. La consejería pastoral presupone que, al fin de cuentas, es la actividad de Dios, trabajando «trinitariamente», diríamos a través de los procesos de creación, de redención, de revitalización y de potenciación, lo que posibilita a su vez el crecimiento y el cambio en la relación de ayuda. Es la actividad de Dios lo que fundamenta la empatía, la aceptación, la reflexión, la constancia y las interpretaciones de la consejería pastoral.[11] Es Dios mismo quien, por medio de sus misericordiosos actos liberadores, nos llama a velar por el bienestar integral de la humanidad.

En el Nuevo Testamento la misión divina continúa por medio de la persona de Jesucristo. La práctica histórica de Jesús provee un ejemplo claro de lo que debe ser el cuidado pastoral de la humanidad. En Cristo vemos encarnado el amor de Dios hacia el ser humano caído: «Porque de tal manera amó Dios al mundo, que ha dado a su hijo unigénito, para que todo aquel que en él cree, no se pierda, más tenga vida eterna» (Jn. 3.16). Del mismo modo, vemos encarnada la búsqueda del necesitado. Jesús no sólo atendía a quienes clamaban a él sino que también tomaba iniciativas pastorales cuando lo creía pertinente. Lo que es más, Jesús enseñó que «el buen pastor» es aquella persona que busca activamente a la «oveja» caída (Lc. 15.1-7; Jn 10.1-21). También vemos cómo Jesús ministraba en forma integral, atendiendo no sólo las necesidades espirituales y psicológicas sino también las necesidades físicas y sociales del individuo. Su amor por la humanidad no le impedía señalar y aún condenar el pecado con valentía y claridad, llegando a emplear la denuncia pública cuando era necesario. La palabra profética y la evaluación de las estructuras sociales a la luz de los valores del reino de Dios eran parte integral del ministerio educativo y del cuidado pastoral de Jesús.

---

[11] Browning, «Introduction», p. 12.

Las palabras y las acciones de Jesús en beneficio de la humanidad--tales como «Tus pecados son perdonados... vete y no peques más...»--demuestran su amor por el ser humano pecador y su disposición a ayudarnos a empezar de nuevo, mirando al futuro con sentido de esperanza, liberados de un pasado doloroso. Del mismo modo en que Jesús entró en el mundo por medio de la encarnación, la consejería pastoral busca entrar en el mundo de la persona aconsejada, compartiendo su alienación, su fragmentación y su dolor. De este modo, la empatía en el proceso de consejería tiene una base teológica. Aceptamos a la persona aconsejada a pesar de sus problemas, tal como Dios nos ha aceptado a nosotros a pesar de nuestros pecados. La empatía y la solidaridad que demostramos es un reflejo del amor que hemos recibido de Dios.[12]

Jesús murió, resucitó y ascendió a los cielos, pero no nos dejó en soledad. ¡Todo lo contrario! El Cristo resucitado continúa a nuestro lado por medio de la acción y el poder del Espíritu Santo. No cabe duda que la tercera persona de la Trinidad es un agente central en el proceso de consejería pastoral.[13] De acuerdo a la teología del evangelio de Juan, el Espíritu es el «consolador» por excelencia (14.16). El Espíritu Santo continúa el ministerio educativo y pastoral de Jesús, ya que nos recuerda sus palabras y nos enseña «todas las cosas» (14.26). El Espíritu es quien nos capacita para juzgar y para discernir entre la conducta correcta que lleva al crecimiento integral de la personalidad y la conducta errada que fragmenta al individuo (16.7-13). En este sentido, podemos afirmar que *la consejería pastoral es la búsqueda de la verdad iluminada por la acción y el poder del Espíritu Santo*. Es la participación del Espíritu lo que hace que los distintos componentes del proceso terapéutico se desarrollen

---

[12] Samuel M. Natale, *Pastoral Counseling: Reflections and Concerns* (New York: Paulist Press, 1977), p. 19-22, passim.

[13] Para más información sobre este punto, desde una perspectiva pentecostal, véase a John Kie Vining, *Spirit-Filled Counseling: A Pneumascriptive Approach* (New York: Cummings and Hathaway Publishers, 1995), pp. 83-120, passim; y a Samuel Soliván, «Setting the Captive Free: Theological Grounding for Pastoral Counseling» *en Pentecostal Caregivers: Annointed to Heal* (New York: Cummings and Hathaway Publishers, 1995), pp. 130-131.

en forma coordinada.[14] El Espíritu posibilita el desarrollo del juicio crítico de las personas aconsejadas.

Esto nos lleva a considerar lo que la Biblia nos enseña acerca del ser humano. Como indicamos anteriormente, las Escrituras nos enseñan que el ser humano que fue creado para vivir en comunión con Dios, con la humanidad, con la creación y consigo mismo cayó víctima del pecado y ahora vive las consecuencias de la fragmentación de la personalidad y de la sociedad causadas por dicha caída. Del mismo modo, la Biblia afirma que el ser humano puede encontrar redención por medio de la obra de Cristo y que puede llegar a alcanzar su pleno potencial de desarrollo en el poder del Espíritu Santo.

Esto también nos lleva a considerar una vez más los profundos puntos de contacto que existen entre la ética cristiana y la consejería pastoral. La mayor parte de los problemas humanos son el resultado de una mezcla de factores psicológicos, sociológicos e históricos y el uso inapropiado de nuestra libertad--lo que la tradición bíblica llama «pecado». Esto implica que la tarea de la consejería pastoral es doble. Por un lado, la disciplina debe identificar los problemas de desarrollo y los factores ambientales que han distorsionado el crecimiento de la persona. Por otro lado, la consejería pastoral debe identificar aquellos patrones de conducta inadecuados, que responden a valores éticos y morales ajenos a la fe cristiana y que destruyen al ser humano.[15]

Debemos confesar que introducimos el concepto teológico del «pecado» en esta discusión son temor y temblor. Somos conscientes que algunas corrientes de la consejería pastoral han abusado el concepto.[16] Sin embargo, no podemos cegarnos a la

---

[14] Pablo Polischuck, *El consejo terapéutico* (Barcelona: CLIE, 1994), p. 60.

[15] Browning, «Introduction», p. 8.

[16] En su libro *La práctica de aconsejar* (Barcelona: CLIE, 1984) p. 201, Jay E. Adams afirma que todos los problemas «psicológicos» son en realidad manifestaciones de enfermedades físicas o manifestaciones de las consecuencias del pecado de la persona aconsejada. Dice Adams: «La Biblia sabe que sólo hay dos categorías de causas para la conducta estrafalaria: 1) causas orgánicas, 2) causas no orgánicas. Las causas orgánicas pueden ser hereditarias o adquiridas por medio de accidentes, destrucción tóxica de células cerebrales, etc. Algunos--pero no todos--

realidad de que el pecado afecta a todos los seres humanos de una manera u otra. En algunas ocasiones, la persona aconsejada estará sufriendo las consecuencias de su pecado. Este es el caso de quienes destruyen sus vidas al entregarse al abuso de las drogas o el alcohol o de quienes destruyen sus hogares al entregarse a la promiscuidad y la experimentación sexual. En otras ocasiones, la persona aconsejada será la víctima del pecado de otros. Este es el caso de quienes han sufrido de violencia emocional o sexual. No importa la situación, si creemos en la bondad y la misericordia divina nuestra teología presentará a Dios como el ser que redime a la humanidad de su maldad, le capacita para vencer el pecado y sus consecuencias, y le ayuda a alcanzar su mayor potencial de desarrollo. En este sentido, parte de la tarea de la consejería pastoral es encaminar a la persona aconsejada a vivir en «santidad», es decir, a vivir de acuerdo a los valores del reino de Dios.

Ahora bien, reconocemos que hay momentos en el proceso de consejería en los cuales es necesario echar a un lado los juicios éticos para poder establecer empatía con la persona aconsejada. Esto le da el espacio necesario para darle voz a sus pensamientos y anhelos más íntimos. Pero aún en este momento de suspensión de juicio, el proceso de consejería ocurre dentro de un contexto moral que ofrece la iglesia.[17]

En este punto debemos decir algo breve acerca de la iglesia, en perspectiva teológica; breve porque en este volumen tenemos la excelente contribución de Daniel Schipani sobre el tema de la iglesia como comunidad sanadora. La iglesia es la comunidad que Dios ha provisto para nutrir a los creyentes en su proceso de crecimiento en la fe. En este sentido, afirmamos que la iglesia juega un papel importante en el proyecto de Dios para el mundo, ya que provee el contexto necesario para el desarrollo del creyente. En este punto

---

los problemas orgánicos pueden ser debidos al pecado del individuo (por ejemplo: el abuso de drogas que pueden alterar el funcionamiento normal del cuerpo). Por otra parte, los problemas no orgánicos están representados en las Escrituras como procedentes del pecado del aconsejado. No hay una tercera categoría neutral o una subcategoría que permita dificultades no orgánicas por las cuales el aconsejado no pueda ser considerado responsable personalmente.»

[17] Vining, op. cit. p. 103.

concurrimos con Polischuck, quien afirma que el plan de Dios es que la persona esté cimentada en un contexto social que proporcione sostén, arraigamiento, apoyo, encomio, nutrición emocional y social, desafío y crecimiento mutuo.[18]

Otra de las características que debemos recordar es que la iglesia es un comunidad de discurso moral.[19] Uno de los propósitos de las reuniones de la iglesia es examinar críticamente, discutir y aún proclamar cuales con las responsabilidades sociales e individuales a las cuales nos llama la fe.[20] Esto es parte integral de lo que significa ser fiel a Dios en el mundo. Por lo tanto la iglesia, como comunidad moral, contribuye a la salud mental de la sociedad.[21]

La tarea ética y moral de la iglesia empalma con la tarea de la consejería pastoral en el siguiente punto: ambas disciplinas buscan que los creyentes lleguen a ser agentes morales responsables que, haciendo buen uso de la libertad que Dios les ha dado, disfruten la vida a plenitud. La consejería pastoral busca la liberación de las personas en sus contextos personales y sociales.[22] Debemos recordar que el crecimiento integral ocurre en el contexto de las relaciones humanas, cuando establecemos relaciones personales y sociales que posibilitan tal crecimiento.[23] La consejería pastoral privatizante ignora los males sociales que afectan el desarrollo de la personalidad. Para corregir este mal, es necesario complementar la consejería individual con el cuidado pastoral de los grupos y las instituciones que componen la sociedad. Del mismo modo, es importante comprender que no puede haber una sanidad completa en un mundo dominado por sistemas socioeconómicos que promueven la injusticia,

---

[18] Polischuck, op. cit., p. 217.

[19] Esta frase fue acuñada por James M. Gustafson, en su artículo «The Church: A Community of Moral Discourse» recogido en la colección titulada *The Church as Moral Decision-Maker* (Philadelphia: Pilgrim Press, 1970), pp. 83-95.

[20] Ibid, p. 84.

[21] Browning, *The Moral Context,* p. 99.

[22] Howard Clinebell, *Asesoramiento y consejo pastoral: Un modelo centrado en la salud integral y el crecimiento* (Buenos Aires: Nueva Creación, 1995), p. 30.

[23] Ibid, pp. 29-31.

la pobreza, la violencia y la explotación económica.[24] Para lograr este objetivo, la consejería pastoral deberá buscar puntos de contacto con la ética social y la teología, sobre todo en lo que se refiere a la promesa de que Dios juzgará a los sistemas sociales actuales y que establecerá un reino de amor en el mundo venidero.[25]

No debemos terminar esta sección sin considerar el tema de la escatología, esto es, la doctrina cristiana sobre el fin de los tiempos y la manifestación plena del reino de Dios. En la Biblia, la mayor parte de los textos escatológicos se encuentran en porciones apocalípticas, tales como el libro de Daniel, los discursos evangélicos sobre la segunda venida de Cristo (Mr. 13, Mt. 24-26, y Lc. 21), epístolas tales como I y II Tesalonicenses y II Pedro, y, claro está, el libro de Apocalipsis. Podemos establecer puntos de contacto entre la literatura apocalíptica y la consejería pastoral en, por lo menos, dos vertientes. Por un lado, la palabra «Apocalipsis» significa literalmente «revelar, develar, quitar el velo». Esto nos recuerda que en el proceso de consejería hay momentos de «revelación» en los cuales Dios se manifiesta en maneras súbitas e inesperadas. Por otro lado, debemos recordar que el propósito tanto de la literatura apocalíptica como de la escatología bíblica es darle esperanza a un pueblo que sufre. El Apocalipsis afirma que llegará el día en que «Enjugará Dios toda lágrima de los ojos de ellos [su pueblo]; y ya no habrá más llanto, ni clamor, ni dolor; porque las primeras cosas pasaron.» La consejería pastoral anticipa este tiempo de esperanza y de consuelo.[26] En resumen, la escatología cristiana debe llenarnos de esperanza pues afirma que el futuro está en manos de Dios.[27]

---

[24] Ibid, p. 33. Véase también, Larry Graham, *Care of Persons, Care of World* (Nashville: Abingdon Press, 1991) y Stephen Pattison, *Pastoral Care and Liberation Theology* (Cambridge: Cambridge University Press, 1994).
[25] Streckel, op. cit., p. 35.
[26] Vining, op. cit, p. 108-109.
[27] Soliván, op. cit, p. 131.

EL USO DE LA BIBLIA EN LA CONSEJERÍA PASTORAL

Sin lugar a dudas, la Biblia ocupa un lugar privilegiado en la vida de la iglesia evangélica hispana y latinoamericana. Por esta razón, hemos decido dedicarle una segunda sección, mucho más breve que la primera, al tema del uso de la Biblia en la consejería pastoral.

Las Sagradas Escrituras son una de las herramientas que moldea e informa la consejería pastoral. La moldea porque es el documento del cual derivamos las creencias que informan nuestra teología y los valores éticos y religiosos que guían nuestra vida. La informa porque ofrece parámetros que nos guían en el proceso de «interpretación pastoral».

La interpretación pastoral es el proceso mediante el cual los agentes pastorales asignan significado a los eventos y las relaciones que puedan ocurrir en el contexto de su ministerio.[28] Este proceso incluye tanto la interpretación de la tradición teológica, especialmente de la Biblia, como la interpretación de los eventos y las relaciones que enfrentamos hoy. Es decir, evalúa esos eventos y esas relaciones a la luz de una visión de la fe informada por la tradición teológica y por las escrituras.[29] La consejería pastoral es una de las expresiones de la interpretación pastoral, ya que aquella es un proceso hermenéutico en el cual el consejero ayuda a la persona aconsejada a interpretar su propia historia y a desarrollar estrategias para cambiar el rumbo de su vida.[30]

Cuatro principios básicos

Podemos identificar ciertos principios básicos que deben orientar el uso de la Biblia en la consejería pastoral. Cuatro de ellos se describen a continuación a modo de guías para la práctica:[31]

---

[28] Charles V. Gerkin, «Interpretation and Hermeneutics, Pastoral» en *Dictionary of Pastoral Care and Counseling,* Rodney J. Hunter, Editor General (Nashville: Abingdon Press, 1990), p. 591.

[29] Ibid, p. 592.

[30] Vining, op. cit, p. 119.

[31] Donald Capps, «The Bible's Role in Pastoral Care and Counseling: Four Basic Principles» *Journal of Pastoral Counseling* 3:4 (Winter, 1984):5-15.

1. *El principio de pertinencia:* Las necesidades y las situaciones particulares de la persona aconsejada deben guiar el uso de la Biblia en el proceso terapéutico. Las Escrituras no deben ser vistas como un mero código moral.[32] Más que un libro de reglas, la Biblia es una fuente de lenguaje y de imágenes teológicas para la iglesia. Este lenguaje informa la reflexión ética y moral de la iglesia.[33] Quienes afirman que la Biblia debe ser empleada como un reglamento para la conducta humana o como un «manual del fabricante» están abusando de las Escrituras.
2. *El principio de sensibilidad:* El uso de la Biblia debe reflejar sensibilidad ante las limitaciones físicas, emocionales y espirituales de la persona aconsejada.
3. *El principio de consistencia:* Nuestro uso de la Biblia debe ser consistente con las teorías psicológicas y los métodos de intervención que informan el proceso terapéutico.
4. *El principio de transformación:* La consejera pastoral debe ser consciente del poder transformador de las Escrituras. Por esta razón, debe emplear metodologías que le permitan identificar y evaluar el efecto del texto bíblico en el proceso de intervención pastoral.[34]

Tres métodos de intervención

En nuestra investigación hemos encontrado varios métodos que pueden orientar el uso de la Biblia en la consejería pastoral. A continuación presentamos tres que, en nuestra opinión, pueden ser útiles en nuestro contexto latino e hispanoamericano.

Véase, además, su artículo «Bible, Pastoral use and Interpretation of», *en Dictionary of Pastoral Care and Counseling,* Rodney J. Hunter, Editor General (Nashville: Abingdon Press, 1990), p. 82-84.

[32] Gaylord Noyce, *The Minister as Moral Counselor* (Nashville: Abingdon Press, 1989) p. 62.

[33] Ibid, pp. 65-67.

[34] Sobre el papel transformador de las Escrituras, desde un punto de vista pentecostal, véase a Soliván, op. cit., pp. 124-125.

1. *Modelos bíblicos de intervención pastoral:*[35] Este método identifica cómo los distintos tipos de literatura bíblica informan al proceso de consejería. Capps identifica tres «modelos» bíblicos en particular. El primero es provisto por los salmos. Su objetivo es establecer empatía con la persona aconsejada. El segundo es el uso proverbial, en el cual las Escrituras se emplean en forma directiva para confrontar al cliente, buscando causar un cambio en su conducta. El tercero es el uso parabólico. Este explora el poder transformador del Evangelio, en especial de las palabras de Jesús.
2. *El uso temático de las Escrituras:*[36] El consejero pastoral puede usar temas bíblicos y teológicos de dos maneras complementarias. Por un lado, puede utilizarlos como principios que le permitan organizar sus propios pensamientos sobre el problema planteado. Por otro, puede emplear estos temas como guías en el proceso de diagnóstico.[37] Otra alternativa es establecer correlaciones entre temas bíblicos y teológicos con algunos puntos importantes de las teorías psicológicas que empleamos. Capps identifica ciertos temas teológicos con etapas de desarrollo psicosocial de Erikson. Por ejemplo, Capps establece una correlación entre el concepto teológico de la fe con el binomio «identidad vs. difusión de la identidad» que según Erikson es la crisis psicosocial característica de la adolescencia; y entre el concepto teológico «comunión» con la crisis «intimidad vs. aislamiento» de la juventud, y así sucesivamente. Esto le permite hacer un diagnóstico teológico paralelo al psicológico.[38]

---

[35] Donald Capps, «Biblical models in Pastoral Counseling» *Pastoral Psichology* 28:4 (Summer 1980):252-264. Véase, además, su libro sobre el tema *Biblical Approaches to Pastoral Counseling* (Philadelphia: Westminster, 1981).

[36] Donald Capps, *Pastoral Care: A Thematic Approach* (Philadelphia: The Westminster Press, 1979).

[37] Ibid, p. 112.

[38] Ibid, p. 114.

3. *El modelo bíblico narrativo:*[39] En este método la persona aconsejada se identifica con alguno de los personajes de las muchas historias bíblicas. El objetivo del método es que la persona pueda «re-escribir» su historia personal a la luz de las Escrituras. Wimberly, el autor que propone este método, lo ilustra de la siguiente manera. Uno de sus aconsejados, llamado Restin, era un joven adulto que llevaba varios años batallando contra la adicción. En su niñez, Restin había tenido una experiencia traumática que le había llevado a pensar que estaba endemoniado. El consejero utilizó la historia del Endemoniado Gadareno para indicarle a Restin que podía «re-escribir» su historia. Del mismo modo en que el Gadareno fue liberado de las legiones que lo atormentaban, Restin podía ser liberado de la adicción. Este método es particularmente útil en el contexto hispano, en el cual la mayor parte de las personas que se acercan a nosotros buscando consejería tienen cierto conocimiento bíblico. Del mismo modo, presenta varios elementos que bien pueden informar nuestra predicación.

Lamentamos que el espacio no nos permita profundizar en estos métodos y ofrecer los ejemplos necesarios para entenderlos a cabalidad. Esperamos, sin embargo, que estos apuntes sirvan para avanzar la discusión del tema en nuestro contexto y que las notas bibliográficas puedan guiar a aquellas personas que deseen continuar estudiando el tema.

Concluimos afirmando que la meta del cuidado y la consejería pastoral es liberar, capacitar y nutrir el crecimiento integral de la persona en el poder del Espíritu.[40] Es nuestra oración que ese Espíritu de verdad y libertad continúe guiando nuestras intervenciones pastorales, en el nombre del Señor Jesucristo.

---

[39] Edward P. Wimberly, *Using Scripture in Pastoral Counseling* (Nashville: Abingdon Press, 1994). El método de Wimberly presupone la teoría expuesta por Donald Capps en *Refraiming: A New Method of Pastoral Care* (Minneapolis: Fortress Press, 1990).

[40] Clinebell, op. cit., p. 29.

3
LA CONSEJERÍA PASTORAL COMO DISCIPLINA

por Fausto R. Lora Paulino

INTRODUCCIÓN

Dentro de la conflictiva vida humana, en todos los tiempos, el consejo pastoral ha jugado un papel de alta pertinencia. No es un nuevo estilo de intervención para la salud mental. Sin embargo, su utilización formal y profesional se inicia aproximadamente para la década del 60 cuando se crean los primeros programas de psicología clínica en seminarios como Fuller y escuelas como Biola (Rosemead), según documenta Pablo Polischuk.[1] Así, por ejemplo, Donald Tweedie, Newton Malony, Neil Warren y Lee Travis propiciaron el movimiento de la consejería profesional desde sus posiciones en Fuller.

Además, diversos profesionales cristianos de ayuda en salud mental se dieron a la tarea de dar a la publicidad su quehacer y aportación profesional. Varios nombres acuden a nuestra mente, tales como Clyde Narramore, Larry Crabb, James Dobson, Gary Collins, Jay Adams, David A. Seamands, Norman Wright, entre otros en Estados Unidos de América; Hugo Serrano y Mario Rivera Méndez en Puerto Rico; Jorge León y Daniel Schipani en América Latina; Paul Tounier en Europa, y otros.

Como campo de actividad profesional, la labor de consejería implica la aplicación de conocimiento psicológico para efectuar intervenciones de ayuda efectivas. Estas intervenciones se efectúan por medio de una relación sistemática entre una persona a quien se reconoce la preparación académica y el adiestramiento para ofrecer ayuda y otra persona, pareja o familia que

[1] Pablo Polischuk, *El consejo terapéutico* (Barcelona: Editorial CLIE, 1994), cap. 1.

demanda dicha ayuda para atender situaciones que obstaculizan o limitan su desarrollo.[2] Es a partir de esa instancia particular que la consejería se define como educativa, vocacional-ocupacional, personal-social y espiritual.

La consejería de orientación cristiana, y la pastoral como tal han probado ser elementos claves en los procesos de ayuda que se realizan diariamente. El viaje de la vida incluye un conjunto de crisis, algunas predecibles y esperadas, y otras que sobrevienen como grandes sorpresas. El estar vivos significa que tenemos que confrontar dificultades a menudo, pues las crisis son parte inevitable de la vida. El ayudar a los que pasan por situaciones de crisis, traumas o conflictos es una parte fundamental del ministerio cristiano y ha demostrado tener resultados positivos. Rodríguez & Fernández señalan al respecto que, en estudios recientes en los que se ha auscultado la disponibilidad de compartir e interactuar profesionalmente con diversos profesionales de ayuda tales como psicólogos, psiquiatras, psicoterapeutas, trabajadores sociales, 42 de 50 manifestaron que sería útil la colaboración del consejero pastoral.[3]

TRASFONDO HISTÓRICO

La consejería pastoral cristiana tuvo sus inicios en la tradición judía. El rabí era el consejero comunal, además de maestro de la Torah (la Ley o instrucción divina). El facilitaba el que las personas pudieran solucionar sus situaciones de vida y manejar los conflictos y cambios cotidianos con sabiduría e integridad.

Hubo una época en que el diálogo entre la fe cristiana y la psicología era imposible. Un religioso era considerado una per-

---

[2] W.C. Rodríguez Arocho,«Origen y desarrollo de la consejería: Un acercamiento histórico social» *Revista profesional de la Asociación de Orientación y Consejería de Puerto Rico* 11:3 (1994):10-16.

[3] J. R. Rodríguez y S. Fernández, «La consejería pastoral formal: Su práctica y utilidad» *Revista de la Asociación de Hospitales de Puerto Rico* 35 (1993):10-16.

sona que buscaba apoyo en la deidad porque era incapaz de sostenerse por sí mismo. Había personas tan ingenuas que pensaban que una vez que toda la humanidad fuera «psicoanalizada» todos viviríamos en paz y armonía. Se afirmaba en tales círculos una versión particular de humanismo ingenuo: cuando cada individuo llegara a comprender sus dificultades mentales y eliminara todos los obstáculos que pudiesen impedir su auto-expresión, no habría más necesidad de la muleta religiosa. El hombre y la mujer podrían valerse por sí mismos, porque tendrían fe centrada en su propia persona humana y no en un ser irreal que se había creado para obtener un apoyo sobrenatural para sus problemas mentales. Con tales concepciones, de las cuales todavía quedan representantes en nuestros tiempos, el diálogo era difícil.

A principios de nuestro siglo surge la *psicología de la religión,* ciencia que se ocupa de la religión en cuanto fenómeno psíquico. La primera obra literaria al respecto fue escrita por Starbuch en el 1899 y se titula *Psychology y Religion.* Esta obra se ocupa, casi exclusivamente, del estudio de la conversión. Se aplica así la psicología al estudio del hombre religioso o la mujer creyente, lo que pasa en la persona religiosa. Fue un esfuerzo, en los albores de la psicología moderna, por conocer al ser humano religioso prescindiendo de toda consideración a Dios.

Más recientemente, en nuestro ayer, puede decirse que la consejería pastoral se circunscribía sólo a los púlpitos o altares de las iglesias. Eran los sacerdotes o pastores los únicos que podían ministrar a los necesitados de asistencia psicológica o a los feligreses angustiados, de acuerdo a Hoff en su libro *El pastor como consejero.*[4] Su voz, mandatos, recomendaciones y juicios evaluativos eran como órdenes que no se podían cuestionar. Sin embargo, ciertos conflictos de más profundidad y disfunción en la feligresía quedaban sin resolver por la falta de herramientas adecuadas, y por el desconocimiento, los prejuicios y el miedo a faltar a Dios u obstruir sus designios por parte del pastor.

---

[4] P. Hoff, *El pastor como consejero* (Miami: Editorial Vida, 1981), cap. 1.

Es importante señalar que dicha concepción y práctica del consejo pastoral dista mucho de lo que es la consejería pastoral cristiana formalmente concebida y practicada como disciplina. Es aquí donde el movimiento integrador entre psicología y teología inicia su proceso dentro de la iglesia cristiana. En este proceso hemos encontrado la gran muralla de que el campo esta dividido entre las facciones que apoyan la integración psicológica-teológica y aquellas que rechazan cualquier conglomerado que no se ajuste a la manera ortodoxa tradicional.

En la iglesia protestante hispanoamericana o latina en los Estados Unidos, la actitud hacia la psicología ha sido tradicionalmente negativa.[5] Esto a causa de que en su deseo de establecerse con carácter científico, los proponentes seculares de la psicología muchas veces desplazan, denigran o relegan la función de la fe religiosa y su fundamentación escritural, considerando sus postulados como algo que no cabe en un paradigma que recalca la medición, el control y la predicción. Como lo expresa Polischuk: Si la psicología ha tratado a la religión con desdén, la religión organizada ha tratado a la psicología como un ente negativo desde su introducción. Tal punto de vista se desarrolló como una reacción a los ataques filosóficos y a las acusaciones que surgieron de los reclamos de las ciencias naturales y sociales. Los aspectos evolutivos, deterministas, reduccionistas y materialistas dejaron muy poco para ser considerados dignos de rescate o apreciación dentro del campo de la teología y de la practica eclesiástica. Tales embates prematuros suscitaron las reacciones lógicas y necesarias en los ámbitos religiosos.[6]

Ante tal confrontación entre la religión organizada y la psicología, al enfrentarse a las situaciones de vida cotidianas los protestantes de muchas iglesias latinas sólo aceptan esta dualidad: sus situaciones de vida o provienen de Dios como pruebas para purificar el espíritu o deben atribuirse al diablo como tentación y piedra de tropezadero. Poco o nada tienen que ver las emociones ni el factor psicológico: «O eres espiritual y afrontas las situacio-

---

[5] Polischuk, op. cit, p. 17.

[6] Ibid, p. 27.

nes y conflictos espiritualmente, con la Biblia, la oración y el ayuno, o eres carnal y utilizas armas carnales tales como la consejería pastoral formal, la psicología y la psiquiatría para resolver el conflicto que enfrentas».

LA CONSEJERÍA PASTORAL COMO DISCIPLINA

Al hablar sobre la consejería pastoral como disciplina nos referimos a la interacción de carácter religioso, caracterizada por un adiestramiento profesional formal que toma en consideración los marcos de referencia clínicos y las técnicas y destrezas necesarias para ofrecer asistencia en el área de la salud mental.[7]

El consejero pastoral que ha sido entrenado dentro de la disciplina de la consejería pastoral formal se desempeñará, sin mayores dificultades, como un profesional altamente capacitado para apoyar y asistir a sus aconsejados en la prevención, manejo y resolución de sus conflictos de vida tomando en cuenta las Sagradas Escrituras y los demás recursos de la fe.

Creemos que todos los cristianos hemos sido llamados a ejercer el ministerio del amor y del servicio, pues seguimos a un Señor que dio su vida para servir y no para ser servido. Sin embargo, para que el proceso de consejería pastoral se efectúe en forma competente y eficaz debe realizarse con las destrezas indispensables, con empatía y con un profundo entendimiento de la naturaleza humana, además del conocimiento de las técnicas de consejería y la guianza del Espíritu Santo.

La consejería pastoral como disciplina requiere algo más que fe y buena voluntad por parte del consejero. Reclama el uso de un sinnúmero de estrategias para el manejo de los conflictos y las situaciones de vida que provocan crisis y desorientación en aquellos que buscan nuestra ayuda.

---

[7] Howard Clinebell, *Asesoramiento y cuidado pastoral: Un modelo centrado en la salud integral y el crecimiento* (Buenos Aires: Nueva Creación, 1995). Clinebell incluye valiosas consideraciones de pertinencia clínica como parte de su enfoque integral e integrador en torno a la salud.

Los líderes congregacionales, pastores y maestros de educación cristiana son quienes están más cerca de los pesares, aflicciones, temores, aspiraciones, esperanzas, tentaciones, transgresiones y decisiones personales de mucho peso que afrontamos todos. Es por ello que la necesidad de un proceso de consejería pastoral formal tiene mayor pertinencia que nunca. Aquí se aplica con un sentido muy especial, lo que se ha señalado respecto del arte de aconsejar: Aconsejar es un arte muy humano, hermoso, útil y que bien ejercitado produce los resultados más beneficiosos tanto para el individuo como para la sociedad.[8] Bien lo destacan Rodríguez & Fernández en su artículo sobre la práctica y la utilidad de la consejería pastoral formal:

> Investigaciones recientes, en los Estados Unidos de Norteamérica, demuestran que profesionales de la Salud Mental escépticos en un principio en torno a la utilidad complementaria del Consejero Pastoral Formal con las dinámicas interpersonales que ellos ofrecían, han cambiado de opinión favoreciendo esa intervención multidisciplinaria, luego de notar una mejoría significativa en aquellos pacientes en que se procedió a establecer una Consejería Pastoral Formal paralela (aceptada por el paciente) al tratamiento psicológico o psiquiátrico.[9]

Es importante recalcar que el proceso de la consejería pastoral como disciplina exige el conocimiento de las teorías de la personalidad y de los marcos teóricos de intervención. Esto no implica necesariamente que el consejero pastoral incluya en el proceso de ayuda realizar psicoterapia en un sentido estricto del término, a menos que esté adiestrado propiamente en el campo de la psicología clínica.[10] La labor de la consejería pastoral formal se realiza básicamente dentro de una conceptualización teológica y

---

[8] A. Ríos, «El arte de aconsejar» *Continente Nuevo* 14:2 (1987):3-5.

[9] Rodríguez y Fernández, *op. cit.*

[10] R. Rossi, «The Distinction Between Psychological and Religious Counseling» *Review for Religious Counseling* 37 (1978):546-571.

pastoral que utiliza una dinámica de comunicación en la que los principios bíblicos son parte fundamental del proceso de ayuda.

Culturalmente, dentro de la iglesia cristiana, se ha establecido que es un deber ministerial del pastor o pastora el ofrecer consejería al pueblo que se lo solicite. Sin embargo, hay aquellos que se acercarían a él o ella con más libertad si fuera mejor presentado el anuncio de su disposición a brindar consejería.

Estudios recientes señalan que del total de personas que buscan ayuda para sus problemas emocionales un 40% recurre a pastores y guías espirituales. El restante 60% se distribuyen entre médicos, psicólogos, psiquiatras, trabajadores sociales, consejeros matrimoniales, y otros profesionales. Por lo antes expuesto se deduce que en comparación con otras profesiones, la solicitud de servicios a los consejeros pastorales es, proporcionalmente, más frecuente en la búsqueda de soluciones para problemas de tipo emocional. Esta situación pone sobre los consejeros pastorales la gran responsabilidad de estar bien preparados para ofrecer la ayuda adecuada a quienes recurran en busca de tal asistencia.

Los consejeros y las consejeras pastorales formales, de encontrar una situación que sobrepase sus conocimientos, refieren a su aconsejado a algún otro profesional de la salud mental, como por ejemplo un psicólogo o un psiquiatra, para su manejo, sin perder u opacar su rol ministerial de acompañamiento y de guía espiritual.

La literatura en el área señala que los consejeros pastorales regularmente son una fuente de referido para psicoterapeutas seculares,[11] argumentándose que reconocen sus limitaciones y la necesidad de una interacción multidisciplinaria para el bienestar de la persona referida. El proporcionar un consejo adecuado es visto como algo tan relevante que deben utilizarse una gran gama de técnicas para impactar la salud emocional y espiritual del aconsejado. Rodríguez & Fernández[12] señalan que no es hasta

---

[11] M.F. Mobley, F.J. Streets, y J. Boscarino «A Community Srudy of Formal Pastoral Counseling Activities of the Clergy» *American Journal of Psychiatry* 143 (1985):223-228.

[12] Rodríguez y Fernández, *op. cit.*

finales del 1980 que Young & Griffith proceden a proponer un sistema que diferencie los tipos de consejería pastoral que se realizan en el ámbito eclesial. Se crean las siguientes clasificaciones:

Consejería religiosa

Los consejeros religiosos trabajan sin paga o en labores voluntarias, en ambientes eclesiásticos o subsidiados por alguna iglesia. Se centran en problemas conceptualizados en términos teológicos. Son los que con mas frecuencia utilizan la oración y otros recursos y fundamentos religiosos como elementos claves de asistencia con sus aconsejados. La consejería pastoral de este tipo no trabaja con los procesos inconscientes del individuo.

Además, tienen muy poco o ningún entrenamiento formal en psicoterapia. Esto no significa sin embargo que son menos efectivos, pues reconocemos que la fe es ser un elemento esencial en la dinámica de aconsejar.[13] Sin ella nos quedaríamos cortos en nuestros procesos de ayuda.

La aplicación de conceptos teológicos para ayudar a la solución de los problemas del diario vivir, es uno de los instrumentos fundamentales que utiliza este tipo de consejero pastoral.

Trabajo de consejería pastoral en salud mental

Este tipo de consejero pastoral posee el entrenamiento formal en el uso de técnicas de carácter terapéutico en conjunto con la dinámica del proceso de ayuda, sin restarle a su carácter de hombre o mujer de Dios. Recalca la utilización de recursos cognoscitivos, emocionales y conductuales que la persona posee.[14] Busca evocar la perspicacia y la sabiduría necesarias para ayudar a los aconsejados a atravesar los conflictos o situaciones de vida a fin de que puedan enfrentarlos adecuada, madura y homeostáticamente.

Una variedad de autores han señalado que la relación de consejería debe permitir el reconocimiento, liberación o descarga

---

[13] Clinebell, *op. cit,* especialmente caps. 3 y 6.

[14] Polischuk, *op. cit,* segunda parte.

de aquellos sentimientos que puedan traer conflictos, de forma tal que el individuo pueda entender, manejar y ser más responsable de ellos. Además, este profesional de ayuda cristiano debe tomar en consideración la importancia de dirigir al aconsejado hacia una relación más directa con Dios a la par de identificar problemas de carácter psicológico en tal persona.

Se le recomienda ser parte de las asociaciones profesionales cristianas y seculares que agrupan a los profesionales de ayuda en salud mental. Debe responder formalmente a los códigos éticos profesionales y eclesiales denominacionales.

Psicoterapia pastoral

Los consejeros pastorales que han sido entrenados profesionalmente en un proceso clínico formal en psicoterapia y que ostentan una licencia debidamente certificada pueden proveer el servicio de carácter o manejo psicoterapéutico. Estos, por lo regular, trabajan tanto en el ambiente eclesial como en el secular y sus servicios, usualmente, tienen una tarifa profesional.

Este tipo de consejería pastoral, como una forma y proceso de psicoterapia, debe incluir en su formato el diagnóstico, el tratamiento y el debido apoyo al cliente. Debe además, observar, entender e interpretar las dimensiones psicológicas, religiosas y morales del proceso por el que atraviesa el aconsejado o cliente. El o la terapeuta debe ser miembro de las asociaciones profesionales cristianas y seculares que le ayuden a mantenerse al día en su practica profesional y responder a los códigos éticos de la profesión y de la iglesia del Señor.

Las categorías antes mencionadas no pretenden ser una camisa de fuerza, sino una manera de clarificar y orientar sobre quién es quién dentro de este maravilloso ministerio de servicio para la casa de Dios. Ninguna preparación profesional sustituye el quehacer del Espíritu Santo en su pueblo. Mantener el balance entre nuestra labor o ministerio, y el reconocimiento de que es Dios mismo quien cuida y sana y hace crecer es imprescindible para que la gloria sea siempre de Dios.

CONCLUSIÓN

Los consejeros pastorales formales, al poseer un entrenamiento profesional más exhaustivo, sin lugar a dudas podrán con mayor efectividad reconocer aquellas situaciones en que se requiera referir u obtener apoyo multidisciplinario para la intervención, y ayudar al desarrollo y entrenamiento de otros consejeros pastorales. Es importante recalcar que sólo se logrará la efectividad en la consejería pastoral formal si no se pierde la perspectiva de que se parte de una experiencia enmarcada en un Dios viviente y en el quehacer del Espíritu Santo, tercera persona de la Trinidad.

Terminamos señalando que aún nos queda mucho por hacer: Pongamos nuestras manos a la obra. No habrá nunca corona sin lucha. De igual manera no habrá consejería pastoral efectiva, fiel y pertinente sin la Palabra de Dios, la oración y la labor reconocida y honrada del Espíritu Santo.

4
MODELOS DE INTERVENCIÓN EN LA CONSEJERÍA PASTORAL

por Julia Batista Cortés

INTRODUCCIÓN

Al acercarse al tema de la consejería pastoral y cómo realizar intervenciones fructíferas para las personas involucradas, tanto la persona del consejero como la persona del aconsejado, se siente el deseo de enumerar los diferentes modelos de la consejería clínica. Se podría señalar el modelo psicoanalítico, el que utiliza el análisis transaccional, el enfoque existencialista, la terapia de realidad, el modelo gestalt, y otros. Se recuerda que el consejero[1] pastoral generalmente es un profesional de ayuda con adiestramiento limitado para el manejo adecuado de modelos clínicos. Sin embargo, algunos de estos modelos pueden llevarse a modalidades operacionales de aplicación manejables por consejeras sin adiestramientos extensos.

La consejería pastoral es una de las tareas fundamentales en la ejecución de la pastoral. Por lo general, los pastores focalizan con mayor atención su adiestramiento en el manejo de la Biblia y la teología sistemática, especialmente con miras a la predicación. Tareas como la educación cristiana, la consejería pastoral y la administración de la iglesia reciben menos atención en los currículos de las escuelas teológicas[2]. Dada la complejidad de la problemática personal, familiar y social que enfrentan las personas de las iglesias y las

---

[1] En este trabajo se utiliza vocabulario inclusivo de la manera siguiente: Unas veces se usa el género masculino para todas las personas y en otras el femenino de igual forma.

[2] Un ejemplo de lo señalado es el currículo de la Maestría en Divinidad del *Seminario Evangélico de Puerto Rico* (SEPR) que requiere 30 créditos en Biblia y Teología Sistemática y sólo 6 en Consejería Pastoral y Capellanía. Un solo curso requisito en Consejería se limita a introducir técnicas y contenidos básicos en la disciplina.

comunidades circundantes se requiere adiestramientos especializados para ser efectivos en la labor de consejería pastoral. Aún así, las pastoras reciben a muchas personas con situaciones complejas y realizan su tarea tratando de ayudar lo mejor posible con sus limitados recursos.

La consejería pastoral es el proceso mediante el cual el pastor facilita el entendimiento de la situación conflictiva y dirige al aconsejado en las decisiones de manejo de la misma. Se utilizan los recursos de fe, tales como la oración, la lectura y análisis bíblico y la reflexión en torno a la intervención de Dios en la vida de los creyentes. En ocasiones, hay sobreuso de los recursos de fe lo que a su vez puede complicar el manejo de las situaciones. La responsabilidad básica está en el aconsejado que es quien toma las decisiones de acción con el apoyo y acompañamiento de la pastora. Cuando las decisiones son tomadas por el pastor recae sobre él la responsabilidad. Se reconoce, por lo tanto, que los casos atendidos en consejería pastoral son aquellos donde aún la persona tiene control de su vida, excepto en ocasiones de crisis traumáticas donde la pastora toma control de la situación para proteger a la persona involucrada.

Es fundamental que los consejeros pastorales reconozcan sus limitaciones en la dimensión clínico-profesional y refieran a otros profesionales, adecuadamente entrenados. El pastor sigue siendo el consejero espiritual aunque refiera a la persona. De esta manera se ayuda a la persona o familia con un equipo multidisciplinario que puede incluir algunos profesionales, tales como doctor en medicina (diferentes especialidades), psicóloga, psiquiatra, terapistas, trabajador social, y otros.

En el desarrollo del tema «modelos de intervención en la consejería pastoral» se prefiere enfocar en maneras prácticas para atender los tipos de casos que solicitan los servicios de los pastores. Durante los pasados cinco años (1991-95) los estudiantes del curso básico de Consejería Pastoral del Seminario Evangélico han completado un ejercicio diagnóstico al inicio del curso. Este hace un inventario, entre otros temas, de las necesidades específicas en consejería pastoral de las iglesias servidas y sus comunidades circundantes.[3] Se ha encontrado consistentemente la necesidad de atención a: 1) estilos de relación de parejas-matrimonios; 2) relación padres-madres e hijos; 3) la problemática del alcoholismo y la drogadicción; 4) atención particular a los adolescentes; 5) estilos de crianza y 6) cómo enfrentar las crisis.

Todas las funciones del ministerio tienen la meta de aumentar la integralidad del ser humano centrada en el espíritu,[4] por lo cual la atención que se da en consejería pastoral apunta al crecimiento integral de la persona partiendo de su maduración espiritual. Es fundamental trabajar, además, con las interrelaciones básicas del individuo, especialmente en su entorno familiar.

El tema que nos ocupa será trabajado alrededor de tres subtemas: 1) Modelo Básico de Intervención (técnica); 2) Modelo de Consejería Pastoral Integral (contenido) y 3) Modelo de Grupos de Sostén y Apoyo (técnica).

MODELO BÁSICO DE INTERVENCIÓN (TÉCNICA)

Para el pastor con poco o ningún adiestramiento en consejería u otra profesión de ayuda, resulta muy útil dominar un modelo básico sencillo para responder a las personas en necesidad que le buscan. Este modelo consta de cinco fases o etapas, tal como se describe a continuación a modo de secuencia típica.

1. «Rapport»

Se refiere al clima de confianza, aceptación y confidencia que crea la pastora para facilitar el diálogo. Para crear este ambiente hay que minimizar las barreras físicas, de clase social, de sexo, de edad, de cultura, etc. de tal manera que el aconsejado se sienta comprendido y aceptado. Sólo así podrá verbalizar la situación, tensión o problema que le afecta. Cuando la persona acude

---

[3] Más del 85% de los estudiantes de la Maestría en Divinidad del SEPR son pastores o asociados cuando están matriculados en el curso en su segundo año de estudios.

[4] Howard Clinebell, *Asesoramiento y cuidado pastoral: Un modelo centrado en la salud integral y el crecimiento* (Buenos Aires: Nueva Creación, 1995), cap. 2.

espontáneamente, generalmente está lista para expresar lo que le molesta. Cuando es algún referido, especialmente si es una niña o un adolescente, la creación del ambiente con máxima receptividad es indispensable. Desde esta fase inicial, la persona que busca ayuda entenderá que acudió al consejero adecuado. La relación de respeto, honestidad y apertura, así iniciada, es la puerta al proceso de ayuda. Su mantenimiento es condición indispensable para que las técnicas de consejería sirvan al ser humano integrando los recursos de fe, donde Dios se hace perceptible en medio de lo que se hace en su nombre y para el bien de la persona en necesidad.

2. Catarsis

La segunda fase del proceso es la *catarsis,* cuando el aconsejado comparte lo que le afecta. La comunicación catártica incluye la expresión verbal y la gestual-corporal. Generalmente hay fuertes cargas emotivas en esta parte del proceso. El dolor, la angustia, la ansiedad, la desesperación pueden acompañarse de llanto, silencio, expresiones fuertes, y otras manifestaciones. Aquí la destreza básica del pastor en rol de consejero es escuchar con profundidad, con máxima atención. Paul Wilczak[5] señala el escuchar como un ministerio. Apunta él que esta manera de escuchar con el corazón tiene cinco componentes claves, a saber: 1) simboliza la presencia de Dios; 2) es un acto de amor; 3) hace posible la buena comunicación; 4) se entra al mundo de la otra persona y en las cualidades existenciales de ese mundo; 5) se ayuda a llevar las cargas del otro y así cumplir la ley de Cristo, según Gálatas 6:2.

En la fase de catarsis el consejero refleja contenidos, ayudando al aconsejado en su proceso de poner fuera de sí lo que le molesta con sus cargas emocionales y existenciales. Es importante, además, que se respete los silencios y se mueva el diálogo con preguntas abiertas. La observación cuidadosa le ayudará a descubrir las cargas emocionales que se reflejan en diversas maneras en los cambios en la voz; la posición de las manos, el rostro y otras partes del cuerpo; los movimientos de los ojos; las palabras cargadas de

[5] Paul Wilczak, «Listening as ministry» *Marriage and Family Living, 1980.*

expresión, etc. Resulta clave, también, aceptar a la persona con sentimientos tales como ira, dolor, confusión, y otros. Si la persona se siente juzgada, se protege y se inhibe en la expresión. En ocasiones, una consejera pastoral con poco o ningún entrenamiento afecta el proceso cuando procede con interpretación prematura, sin permitir que la catarsis prosiga hasta vaciar los contenidos básicos de la tensión o problema. Es de ayuda, en esta fase, ofrecer apoyo y cercanía cuando el nivel de comunicación muestra dolor, angustia, y sufrimiento que generalmente se expresa en llanto compulsivo, desesperación y desaliento. La fase de catarsis es fundamental al proceso de consejería, ya que provee los contenidos básicos para trabajar con la tensión o problema. En una entrevista de una hora la catarsis consumirá de 35 a 40 minutos, aproximadamente.

3. Diagnóstico preliminar

La tercera fase del proceso es el *diagnóstico preliminar* cuando el consejero guía al aconsejado a darle nombre al conflicto. La identificación de éste es preliminar, pues trabajando con seres humanos, no es posible hacer diagnósticos finales con facilidad. El llegar a diagnosticar es importante ya que es la base para el plan de acción a desarrollar posteriormente. Un ejemplo de diagnóstico preliminar es -«Parece que tienes dificultad para comunicarte con tu madre». La persona aconsejada aporta al diagnóstico. Indicará si está de acuerdo o no. También debe expresar su propio diagnóstico. Esta fase provee oportunidad para repasar los contenidos básicos de la catarsis. Es iluminador para la aconsejada darse cuenta de lo que comunicó y cómo lo hizo. Es probable que en entrevistas subsiguientes se llegue a otros diagnósticos más precisos, siempre con la participación activa de la aconsejada.

4. Plan de acción

La cuarta fase del proceso es el *plan de acción*. Ya en este nivel se está trabajando con probables maneras de manejar el conflicto desde la persona aconsejada. El consejero guía en el diseño del plan de acción en pasos. Como ilustración, si el probable diagnóstico señalado anteriormente es aceptable, se procedería así:

«Tenemos que hay dificultad para comunicarte con tu madre. Examinemos probables estrategias de acercamiento ya que para ti es importante...» Tales estrategias podrían ser: 1) Repasar su estilo de dialogar; 2) acercarse a su mamá para dialogar; 3) pedir a otro miembro de la familia que sirva de facilitador en el diálogo; 4) acercarse acompañado del pastor; 5) bosquejar temas a discutir; 6) reflexionar sobre textos tales como Hebreos 13:16, I Juan 4:7-11, etc.; 7) orar pidiendo la dirección de Dios para acercarse a la madre. Para el desarrollo del plan el consejero orienta y adiestra al aconsejado en la mejor forma de manejar el conflicto. Además, está disponible para acompañarle y para revisar las estrategias. Cada estrategia será evaluada identificando las probables consecuencias de cada paso antes de ejecutar el plan. De esta manera la persona aconsejada va examinando, cambiando o fortaleciendo su estilo de manejo de tensiones y conflictos. Se le invita a mantener la apertura a la dirección de Dios en su proceso.

5. Seguimiento

La quinta y última fase del proceso es el *seguimiento*. Es importante ver al aconsejado en entrevistas subsiguientes para verificar el desarrollo del plan de acción. El consejero colabora en la revisión del plan, refuerza el crecimiento y guía en la exploración de nuevas estrategias. Generalmente el seguimiento provee el tiempo adicional para profundizar en la problemática y en todo el proceso. La consejera estará disponible para dar apoyo, para confrontar, para estimular, para acompañar a la persona, dependiendo del progreso alcanzado en el desarrollo del plan de acción. El seguimiento también provee para que la pastora autoevalúe su gestión como consejera y para que decida el adecuado referimiento del caso. Se ha encontrado que la falta de seguimiento de los casos ha echado a perder los mismos con la consecuencia negativa de pérdida de confianza en la labor como consejero del pastor, lo cual en ocasiones también afecta su labor como líder espiritual.

MODELO DE CONSEJERÍA INTEGRAL (CONTENIDO)

¿Cómo se acerca la pastora a trabajar con un caso? ¿Cuáles son las interrogantes que se plantea? ¿Qué visión tiene del ser humano? ¿Cómo se definen las necesidades de la persona? ¿Cuáles son los fundamentos de las decisiones? ¿Qué lugar ocupa la espiritualidad y cómo se define ésta? ¿Cómo se evidencia el crecimiento, la sanidad y la recuperación de la persona en conflicto? Estas y muchas otras preguntas subyacen el proceso de consejería pastoral.

El ser humano en su particularidad es el contenido fundamental del proceso. El acercamiento a la necesidad expresada de la persona requiere un enfoque integral de trabajo. La persona toda está afectada. Tanto su cuerpo, su mente, su espíritu, como sus relaciones en la familia, en el trabajo, entre sus amigos, y con Dios van a reflejar la situación problemática que le afecta. Entender a la persona como un todo con sus percepciones es básico para guiarle en el proceso de análisis y superación de la tensión. Clinebell señala seis dimensiones interrelacionadas para trabajar los casos. Se refiere a: 1) revitalización del cuerpo; 2) potenciación de la mente; 3) renovación y enriquecimiento de las relaciones íntimas; 4) profundización de la relación con la naturaleza; 5) crecimiento en relación con las instituciones significativas y 6) profundización y aumento de la relación con Dios.[6]

Un caso en seis dimensiones

Al trabajar un caso es fácil detectar la interrelación de las dimensiones no sólo en sus efectos sino en el descubrimiento de las mejores maneras de enfrentar la situación. A modo de ilustración se presenta el siguiente caso:

> María es una joven de 17 años que está embarazada de su novio, un compañero de la escuela superior. La joven es parte de la Iglesia Evangélica de su barrio, igual que toda su familia que la compone el padre, la madre (de unos 40 años de edad) y dos

[6] Clinebell, *op. cit.*, p. 35.

> hermanos varones, uno de 19 y el otro de 15 años. El novio no asiste a ninguna iglesia. El padre se conoce por ser muy exigente con sus hijos, especialmente con su única hija. La madre es sobreprotectora y le tiene un respeto temeroso a su esposo. La madre está muy asustada y acude al pastor de la iglesia buscando ayuda. La muchacha está tan afectada que ha hablado de desaparecer junto con su problema.

Se examinan los *efectos* del problema en las seis dimensiones.

1. El cuerpo

La joven está perdiendo la forma estilizada. Está enferma por los síntomas del embarazo. Tiene dificultad para ingerir algunos alimentos. Su vida está en peligro. No puede dormir.

2. La mente

La joven está confundida. Hay mezcla de coraje y miedo por el manejo de su sexualidad. No se concentra en sus estudios. Está deprimida. La madre está llena de miedo y vergüenza. ¿Qué pasará cuando el esposo se entere del asunto?

3. Relaciones

Está afectada la relación entre la joven y el novio, y entre ella y la madre. También están afectadas las relaciones entre el joven con María, la de María con su esposo e hijos por encubrir la situación, etc. Dependiendo de las expectativas familiares esta joven podría enfrentar rechazo y abandono.

4. Instituciones

Hay tensión con respecto a la familia extendida, a la iglesia, a la escuela, a la comunidad. ¿Cómo reaccionarán cuando conozcan lo del embarazo? Probablemente esta joven será rechazada por personas de la iglesia, de su propia familia extendida. Su mundo relacional recibirá el impacto de lo que para algunos es una violación a las expectativas éticas. Toda la familia, especialmente la madre, podrían enfrentar sentimientos de vergüenza; ser acusada de no proteger a su hija, de no enseñar controles en el manejo de la sexualidad, etc.

5. Naturaleza (creación)

El proceso de co-creación se está dando en el cuerpo de la joven. ¿Será el aborto, como mecanismo de interrupción del embarazo no deseado, una solución? ¿Qué implicaciones fisiológicas, psicológicas y espirituales tiene esta acción? La posibilidad de que la joven busque morir al enfrentar la vergüenza y el rechazo es una amenaza a dos vidas.

6. Dios

¿Dónde está Dios en medio de la tensión? La teología de la participación humana en la co-creación está ensombrecida. ¿Por qué sufre una familia dedicada en su búsqueda de Dios? ¿Cuáles serán las soluciones al conflicto en armonía con la voluntad de Dios? ¿Cómo percibir la voluntad de Dios?

Como se ha afirmado, la persona es un todo. Clinebell afirma que la dimensión espiritual es el centro no sólo del conflicto sino de la búsqueda de solución. Estamos de acuerdo con este autor, en que para ayudar a esta joven, a su familia, a la iglesia y aún a la escuela hay que visualizar el todo atendiendo a las partes y la dinámica interrelacional entre las mismas. El modelo de trabajo integral (holístico) focalizará el proceso desde la joven y su familia inmediata. Se enumeran a continuación temas para trabajar el caso: 1) El valor de la persona-Dios la acepta y la ama, pues el ser humano es siempre valioso sin importar su condición en un tiempo dado. 2) La sexualidad humana es un componente bueno y hermoso; es regalo de creación; es profunda comunicación entre dos personas que se aman. 3) El manejo inadecuado de la sexualidad acarrea dolor y conflictos entre las personas involucradas y sus familias. 4) El aborto como solución, es problemático para nosotros pues entra en conflicto con el aprecio y valorización de la vida humana, especialmente la del feto, la criatura más indefensa y vulnerable. Además, hay efectos insospechados sobre la psiquis de la joven, sobre su equipo reproductivo y sobre el manejo futuro de su sexualidad. 5) La espiritualidad de la joven, la conceptualización teológica con sus implicaciones es un tema fundamental a trabajar. 6) El cuerpo de la joven, la atención médica, la nutrición, el descanso, la distracción, etc. 7) El sistema de apoyo familiar - cómo la madre, el padre, los hermanos y otros parientes cercanos son orientados y estimulados a apoyar y acompañar a la joven. 8) El joven padre de la criatura requiere atención para que acepte su responsabilidad en el embarazo. 9) La posibilidad de matrimonio de estos adolescentes requiere un examen cuidadoso pues probablemente surjan más conflictos que el que se pretende resolver. 10) El estilo de relación de los padres de la joven sugiere disfuncionalidad - ¿Cómo este papá maneja la autoridad en su familia? ¿Qué lugar ocupa Dios en su esquema? ¿Cómo se utiliza la Biblia? 11) Las etapas de desarrollo humano - la conducta de los adolescentes y sus relación con la presión de los pares es otro tema. 12) La participación de la escuela en la educación sexual - ¿Cuál es el manejo de la sexualidad practicado en la comunidad estudiantil? ¿Qué modelaje al respeto ha habido en la comunidad circundante? 13) La participación de la iglesia en la educación sexual. Afirmamos que todo lo que afecta al ser humano es tema eclesial. La exploración entre la sexualidad, la maternidad, la paternidad y las teologías verbalizadas y vividas en la comunidad eclesial son importantes para el adecuado manejo de casos como éste. 14) El suicidio como amenaza a la vida en respuesta a la depresión y la vergüenza requiere atención. ¿Cómo maneja la iglesia cristiana este tema? ¿Cuál es la teología que subyace su manejo? 15) La integralidad del ser humano junto al entendimiento sistémico de la familia es un tema a trabajar para que todas las personas involucradas se sientan aceptadas con sus sentimientos, con las distintas formas de percibir el conflicto y sobre todo que se den cuenta que son parte de la solución.

El trabajo de casos utilizando el modelo integral requiere más tiempo. De igual manera el enfoque multidisciplinario, donde otros profesionales colaboran en el proceso, produce un crecimiento más profundo y de mayor alcance no sólo en la persona sino también en su entorno relacional. Así la vivencia cristiana se va integrando a los estilos de vida de familias e instituciones.

MODELO DE GRUPOS DE SOSTÉN Y APOYO (TÉCNICA)

Luego de veintidós años utilizando la modalidad o conjunto de técnicas en grupos de sostén y apoyo, afirmamos el valor de la misma como recurso de cambio y crecimiento para las personas participantes. Para la iglesia, que precisamente es comunidad sanadora, los grupos de sostén y apoyo tienen un valor incalculable. El pastor que se adiestra en esta modalidad y desarrolla otros líderes en la misma puede multiplicar los efectos positivos de la consejería pastoral. ¿Qué son los grupos de apoyo y cómo se organizan?

Características

Los grupos de apoyo están formados por ocho a doce personas, en reuniones regulares, generalmente dos horas semanales, para crecimiento personal y ayuda mutua. Los grupos son de carácter preventivo y remediativo. Se orientan a trabajar con relaciones humanas, con pensamientos y sentimientos y, muy especialmente, para mover el proceso de auto-conocimiento a los fines de descubrir los recursos internos de la persona para manejar su vida en forma satisfactoria y de progreso hacia la realización de las metas de vida. Los recursos de fe como la oración y la reflexión bíblica son parte importante del proceso.

Los grupos de apoyo son para personas relativamente saludables emocionalmente, que aún mantienen el control de sus vidas y toman las decisiones. Aunque todas las personas necesitan ayuda de otras personas no todas pueden pertenecer a grupos de apoyo.

La participación es voluntaria. Se señalan cinco características mínimas para participar en grupos de sostén y apoyo: 1) aceptar la capacidad de crecer de las personas; 2) entender y aceptar lo que dinámica significa en este contexto (la fuerza del grupo para ayudar a la persona); 3) deseos profundos de ayudar a otros; 4) enfoque de vida hacia el dar más que el recibir, pero con apertura a recibir; y 5) entender, aceptar y vivir las reglas de juego de sostén y apoyo como sistema, como modalidad de trabajo con personas.

Los grupos pueden ser de personas que tienen situaciones comunes como, por ejemplo, jóvenes (edad), viudas (status civil), madres (etapas), entre otros. Pero también pueden formarse de personas en diferentes etapas de desarrollo y situaciones de vida, lo cual enriquece la dinámica. Como se ha afirmado antes, el proceso del grupo de apoyo ayuda a la persona a descubrir y utilizar sus recursos internos para enfrentar y manejar crisis y mover su autocrecimiento. La dinámica mueve a cada cual a exponer contenidos personales al grupo. Las reglas de juego mínimas son: 1) Completa confidencialidad en contenido. Ninguna información personal puede salir del grupo. 2) Los asuntos se tratan sólo en grupo constituido, lo cual implica que dos participantes no podrán conversar los asuntos entre sí. Esto evita los comentarios al margen que pueden distorsionar el proceso y la información. La persona dueña del contenido sigue siendo libre para hablar con quien desee. 3) Cada participante mantiene la libertad de callar, preguntar, no contestar preguntas. Se estimula la participación pero se respeta el silencio de las partes. 4) Cada cual se compromete a crear y mantener un clima de confianza, de respeto donde se comparten problemas, conflictos, preocupaciones, miedos, planes, etc. 5) El grupo acepta sentimientos distintos como coraje, ira, rencor, expresión de dolor, alegría, complacencia, etc. de la persona en foco en un momento dado. El manejo de sentimientos es clave en los grupos de apoyo. 6) Se mantiene la libertad de abandonar el grupo, con el compromiso de integridad de no compartir contenidos. Luego de discutidas, ilustradas e internalizadas las reglas de juego, se firma el Pacto de Participación. Para trabajar con grupos de apoyo se sigue la técnica básica de intervención, presentada anteriormente.

Liderazgo

El grupo de sostén y apoyo requiere líderes bien adiestrados. Gerald Corey identifica las *competencias mínimas para ser líder.* 1) Esta persona modela los principios ya señalados. 2) Domina las técnicas claves de consejería y las aplica en su estilo de vida. 3) Está disponible para autoevaluarse y se expone al control. 4) Es estable emocionalmente sin que esto implique incapacidad para hacerse vulnerable como ser humano. 5) Está presente emocionalmente al identificarse con todos los sentidos en el proceso. 6) Está alerta para darse cuenta no sólo de la comunicación verbal, sino de la gestual y de la omitida por el silencio. 7) Es una persona sincera, que tiene genuino interés en los demás. 8) Es auténtica, congruente y honesta. 9) Cree en los procesos de grupo. Valida a los seres humanos en sus esfuerzos de cambio y crecimiento. 10) Es entusiasta, motivadora y creativa con buena energía psicológica. 11) Es una persona centrada, con valores claros y proyección de vida saludable.[7]

Es importante señalar que los grupos de sostén y apoyo no son grupos de terapia según se conceptualizan en los modelos clínicos que requieren personal altamente adiestrados como psiquiatras, psicólogos, o terapistas psiquiátricos. Para los grupos de sostén y apoyo una pastora, un trabajador social, una maestra, un enfermero, una doctora en medicina, un oficinista, etc. bien adiestrado, puede servir de líder. La manera de iniciar el proceso de adiestramiento es participando de un grupo de apoyo, donde generalmente la persona coteja si su equipo humano es adecuado para este tipo de liderato. Es indispensable participar de adiestramiento formal con práctica para conocer las destrezas, examinar actitudes y dominar contenidos esenciales para ser efectivo como líder de grupo de apoyo.

Ogden y Schoeninger identifican tres roles básicos y sugieren otros dos opcionales. Los básicos son el facilitador o líder, la persona en foco y los demás que apoyan. Los opcionales son observador de proceso y observadora teológica. Estos intervienen para interpretar lo que está ocurriendo en la dinámica.[8] Se recuerda además, que el grupo se sienta en círculo creando un clima egalitario entre los participantes. Podrían sentarse alrededor de una mesa. El lugar de reunión deberá ser privado, donde no hay interrupciones, con buena

---

[7] Gerald Corey, *Theory and Practice of Group Counseling* (Pacific Grove: Brooks Cole Publishing, Co., 1985), pp. 39-43.

[8] James Ogden y Douglas Schoeninger *Life Support Systems* (Valley Forge: Valley Forge Press, 1975), p. 25.

luz y ventilación. En ocasiones el ambiente físico echa a perder la dinámica.

Principios teológicos

El grupo de sostén y apoyo examinará principios teológicos claves como base a su tarea. 1) La afirmación de que cada persona es única y de que su valor es don de Dios por creación. En cada una está la imagen de Dios. El grupo reflexionará en torno a textos tales como Mateo 6:25-33; 10:28-33. 2) La identificación de propósito para la vida del ser humano, pues Dios quiere que cada cual se realice. Filipenses 2:12-13 apunta en esta dirección. 3) El descubrimiento funcional de la relación entre fe y obras implicando acción como respuesta a lo que se cree. Santiago 2:14-16 aporta a este principio. 4) El asumir el riesgo de cambio, de crecimiento confiando en la gracia de Dios, en su don para con su más completa criatura, el ser humano. Efesios 2:4-10 ayuda en esta clarificación. 5) El entendimiento de que Dios por su Espíritu asiste al ser humano en la reflexión de sentimientos y pensamientos negativos y dolorosos lo cual es necesario para moverse a una mayor realización. I Corintios 2:9-13 aporta a este entendimiento. 6) La comprensión de la interdependencia humana donde se evalúan los efectos de las relaciones, especialmente de las cercanas que entran en la intimidad de la persona. I Juan 2:7-14 ayuda en la reflexión de este principio.[9]

Riesgo y promesa

Como toda modalidad de trabajo con personas es necesario estar consciente de riesgos. 1) La dinámica es un catalítico para producir cambios por lo cual afloran sentimientos hostiles que puede provocar una confrontación destructiva. 2) Según los participantes van alertándose de estilos de vida que los afectan van a moverse al cambio, lo que puede desembocar en turbulencia en la familia. Por ejemplo, la esposa sumisa, dócil que cambia a persona asertiva evocará resistencia en el esposo, lo cual puede llevar a violencia y divorcio. 3) La presión del grupo puede llevar a un componente más

---

[9] Ibid, Apéndice I.

allá de donde el líder puede manejar adecuadamente, creando una situación de destape sin la provisión para atender la situación. 4) La confrontación puede utilizarse en forma destructiva. Esta es una herramienta valiosa en el proceso de grupo pero hay que manejarla con cuidado. Sólo se han mencionado cuatro riesgos aunque se puede pensar en otros más.

Los peligros se minimizan con líderes bien adiestrados, con continua clarificación de las reglas de juego, y con un pacto de participación claro. Se recomienda además contar con un asesor profesional para consultar situaciones y referir casos. El grupo debe saber que se tiene tal recurso de asesoramiento.

Es importante señalar además que los grupos mantienen sesiones de adiestramiento, donde se aprenden técnicas de trabajo. Modalidades clínicas como el análisis transaccional pueden simplificarse para que grupos sin adiestramiento especializado las manejen. Nuestra experiencia con este enfoque en particular ha sido muy positiva. El continuo adiestramiento del grupo, la tematización de los problemas que enfrentan y las sesiones de dinámica (casos reales partiendo de los participantes) van madurando al grupo en el proceso de ayuda a las personas.

La modalidad de grupos de sostén y apoyo enriquece la vida de la iglesia, profundizando en el cuidado que los hermanos se tienen unos a otros. La hermandad, el acompañamiento y la solidaridad alcanzan niveles insospechados que mejoran la calidad de vida de las familias. Las personas aprenden a manejar sus crisis, a entender la conducta del otro con mayor asertividad y consideración. La sanidad integral del ser humano en su entorno relacional se mueve adelante aportando a lo que es una de las grandes metas de la iglesia en su servicio a las personas.

Segunda Parte:

Temas Especiales de Psicología y Consejo Pastoral

5
SEXUALIDAD Y PERSONA

por Jesús Laguerra Marzán

INTRODUCCIÓN

El hijo de un ministro y discípulo de Sigmund Freud, Carl Jung, solía decir que cuando sus pacientes le traían preguntas de índole sexual éstas solían estar conectadas con asuntos religiosos, y cuando le traían preguntas religiosas, éstas estaban relacionadas con la dimensión sexual del ser humano.[1] Por lo tanto, cuando hablamos de lo sexual hablamos de lo religioso y cuando hablamos de lo religioso hablamos de lo sexual. El ser humano siempre ha estado interesado en comprender el gran misterio de la sexualidad. Su búsqueda a través de los siglos ha sido incansable. Tanto la Biblia como la tradición judeo-cristiana han dedicado tiempo para encontrar la «razón de ser» de la sexualidad. En nuestros tiempos modernos vivimos bajo la ola de la influencia del padre de la psicología moderna, que rescató a la sexualidad de la periferia. El vio la importancia de lo sexual en la vida personal y social de su civilización. Inclusive, él se atrevió a ver cómo la dimensión sexual se manifiesta en muchos comportamientos humanos que generalmente no se asocian con algo sexual.[2] Hoy sabemos que Freud no descubrió la rueda ni tampoco descubrió a América. El registro bíblico ha pintado un magnífico lienzo en el que la sexualidad del ser humano se describe tanto en su misterio de don sagrado como también en su patología más nefasta. Es nuestra intención en este capítulo transitar a vuelo de pájaro y explorar la dinámica aventura que es nuestra sexualidad. En esta tarea examinaremos mitos, analizaremos tabúes, y nos lanzare-

---

[1] James B. Nelson, *Embodiment, An Approach to Sexuality and Christian Theology* (Minneapolis: Augsburg Publishing House, 1978), p. 14.
[2] Ibid, p. 28.

mos a desmitificar (Freire) o desmitologizar (Bultmann) la sexualidad a la luz de la consejería pastoral.

Generalmente el *sexo* se refiere al grupo de características anatómicas y fisiológicas que distinguen al varón de la hembra. A veces el *sexo* se refiere al acto del coito. Por otro lado, la *sexualidad* se refiere al grupo de características biológicas, sociológicas y psicológicas que son parte de la formación del individuo como agente sexual en las áreas de identidad y comportamiento.[3]

Uno de los debates que han surgido a lo largo de la historia humana es el rol o propósito de la sexualidad en el ser humano. ¿Es la sexualidad el modo de reproducción por excelencia y sólo eso? ¿Es la sexualidad el mejor camino para el placer? ¿Es la sexualidad el mecanismo biológico para liberar tensiones? ¿Es la sexualidad una comunicación simbólica donde se cultiva una meta-comunicación? Tanto teólogos como sexólogos han puesto su granito de arena en la discusión. Si recordamos nuestros años de infancia, el seno familiar o el contexto de la calle, el barrio o vecindario, también nos han dado su peculiar interpretación referente al rol de la sexualidad.

Richard Foster, en su libro *Dinero, Sexo y Poder* y James B. Nelson, en su libro *Embodiment,* declaran que la sexualidad es un regalo de Dios, es un don de su gracia. La sexualidad es una avenida para la comunión con Dios.[4] Ambos reconocen la sexualidad como un instrumento de multiplicación (procreación) y también como un agente de catarsis para liberar tensiones, pero su fin es más trascendental. Nuestra sexualidad nos sumerge en una relación no sólo humana sino también divina. En la celebración de nuestra sexualidad Dios está presente, contrario a lo que Yves de Chartres creía, que el Espíritu Santo abandonaba a los matrimonios cuando disfrutaban de su intimidad sexual.[5]

---

[3] Ibid.

[4] Ibid, cap. 2. Véase, además, a Richard Foster, *Dinero, Sexo y Poder* (Miami: Editorial Betania, 1989), cap.6.

[5] Citado en Foster, p. 83.

[6] Douglas Miller, notas de curso «Sexuality and Ethics», *Eastern Baptist Theological Seminary*, Filadelfia, 1985.

IDEOLOGÍAS Y FILOSOFÍAS SECULARES

Como todos sabemos el ser humano contemporáneo está bombardeado por filosofías e ideologías que impactan nuestro desarrollo como entes sexuales. A través del mundo, con la alta tecnología, prensa, radio y televisión nosotros estamos expuestos a ideas e imágenes que a veces traen luz o a veces traen oscuridad en lo que respecta a la sexualidad. En todo este contexto el ser humano que es cristiano le es muy útil el consejo del Apóstol San Pablo: «sométanlo todo a prueba y retengan lo bueno» (I Tes. 5:21). También su autorizada exhortación: «En todo esto tengan en cuenta el tiempo que vivimos, y sepan que ya es hora de despertarnos del sueño. Porque nuestra salvación está más cerca ahora que al principio, cuando creímos el mensaje. La noche está muy avanzada, y se acerca el día; por eso dejemos de hacer las cosas propias de la oscuridad y revistámonos de luz, como un soldado se reviste de su armadura» (Ro. 13:11-13).

Por otro lado, la filosofía *Playboy/Playgirl* es una corriente que influye en el pensar y la conducta del ser humano en su vida sexual. La sexualidad allí se ve como algo que se consume. Los seres humanos son tratados como objetos para traer gratificación. Hugh Heffner, el fundador de su famosa revista, glorifica el sexo para obtener placer. La vida no es vista como un valle de lágrimas sino como una fuente de placer en donde se disfruta a través de la sexualidad. Para Heffner el sexo es para entretenerse y recrearse. El admite que el amor no necesariamente está vinculado con el acto sexual aunque el ideal sería sexo con amor. Un crítico de esta filosofía es el teólogo Harvey Cox, quien ve este pensamiento como sintómatico de una perspectiva social consumista e individualista.[6]

Hay otros que enfatizan la técnica sexual como el aspecto más importante que el ser humano debe cultivar. Mientras más variada la técnica en la intimidad sexual, mejor disfrute y satisfacción. Por ejemplo, los libros de Alex Comfort, *Joy of Sex* y

More Joy of Sex, contienen esas enseñanzas a través de un manual ilustrado. Algunos atribuyen la insatisfacción matrimonial a la falta de creatividad entre la pareja. El sexo debe ser visto como una manera de explorar nuestros cuerpos en un ambiente para jugar y no como algo mecánico y sobrio. La importancia del juego en la intimidad sexual trata de rescatar el valor intrínseco del juego que venimos cultivando desde nuestra infancia. Se perfecciona la técnica para incrementar la satisfacción.[7]

Este modelo insiste en señalar que la intimidad sexual puede constituirse en algo repetitivo y aburrido si carece de ingenio. La imaginación es retada a pasar más allá de la «posición misionera» en el coito. También señala que la conducta del ser humano puede ser modificada para lograr mayores placeres y satisfacciones. Un punto débil de este modelo es que ejerce mucha presión sobre el individuo para convertirse en mago(a) o dueño(a) del circo en el ámbito sexual. Es decir, la sexualidad se convierte quizás en otro trabajo más donde el repertorio tiene que expandirse. También el énfasis desmedido en el orgasmo puede cultivar una conducta obsesiva carente de sentimiento genuino.[8]

Las investigaciones sexológicas científicas recalcan que el ser humano debe crecer en su conocimiento de su potencia sexual y no sólo en su «plomería anatómica». En los últimos cincuenta años los estudios referentes al sexo y sexualidad han revolucionado muchas prácticas y tabúes. Los estudios de Alfred Kinsey, William H. Masters y Virginia E. Johnson, Helen S. Kaplan, Margaret Mead, John Money y muchos otros han traído a colación cómo la cultura, el cerebro, las hormonas y las percepciones afectan nuestra formación sexual. Los estudios de Kinsey trajeron luz sobre el homosexualismo como algo que se manifiesta en gradaciones en el ser humano. Es decir, que muy pocos seres humanos son completamente heterosexuales o completamente homosexuales (tanto en actitud como comportamiento). Masters y Johnson revelaron la secuencia de las fases sexuales en la pareja utilizando instrumentos que medían conducta y reacción fisiológica.

---

[7] Ibid.

[8] Ibid.

Kaplan hizo una gran contribución a la importancia del cerebro en los problemas que antes se llamaban impotencia y frigidez. Ella los catalogó como desórdenes de inhibición donde el funcionamiento cerebral juega un gran rol en la situación. John Money, quien trabajó en la Universidad de John Hopkins, enfatizó en su trabajo la influencia endocrinológica en la formación de la identidad sexual aunque no lo vio como causa y efecto. Margaret Mead fue una antropóloga destacada que, en sus estudios de culturas más «primitivas» como en Samoa, resaltó la influencia de la socialización de los roles tanto en el varón como en la hembra.[9]

Los resultados del estudio de la sexualidad en el marco de las ciencias humanas deben ponerse en balanza. Sus logros han sido muchos. Muchos mitos y barreras han sido derribados. Sin embargo, esto no implica que la ciencia puede comprender a cabalidad el misterio de la sexualidad del ser humano. Existen muchos aspectos en donde la ciencia no puede utilizar el método científico de análisis. Además, siempre debe haber una sospecha saludable en toda investigación científica. Bien lo dijo Einstein: «La imaginación es mayor que el conocimiento». Cuando se usa la imaginación santificada podemos exclamar con el salmista en su alabanza:

> Tú fuiste quien formó todo mi cuerpo;
> tú me formaste en el vientre de mi madre.
> Te alabo porque estoy maravillado,
> porque es maravilloso lo que has hecho.
> ¡De ello estoy bien convencido!
> No te fue oculto el desarrollo de mi cuerpo
> mientras yo era formado en lo secreto,
> mientras era formado en lo más profundo de la tierra.
> Tus ojos vieron mi cuerpo en formación.
>
> Salmo 139:13-16

El movimiento humanista secular ha hecho una contribución destacada en torno a la sexualidad y el ser humano. Este

---

[9] Spencer A. Rathus, *Human Sexuality* (New York: CBS College Publishing, 1983), caps. 1, 2, 15 y 16.

movimiento ha tocado el clarín de los instintos y ha visto los valores de la tradición judeo-cristiana como vestigios de una moralidad represiva y victoriana. Ha atacado especialmente la vieja moralidad con su culto a la virginidad, la castidad y la santificación del matrimonio. Su enfoque no es teocéntrico; su énfasis es antropocéntrico (quizás, ego-céntrico). Se ha propuesto una nueva moralidad.

Algunos postulados principales del humanismo secular son: la sexualidad no es mero instrumento de procreación; debe haber igualdad entre los sexos en todos los ámbitos; las relaciones premaritales y extramaritales, con consentimiento mutuo, son válidas; el ser humano debe utilizar el método más conveniente para controlar la natalidad, incluyendo el aborto, la esterilización y los contraceptivos. La legislación no debe ser para prescribir formas ni estilos de vida sexual sino para proteger abusos, explotación o discriminación. El placer sexual tiene un valor moral, y no es pecaminoso ni malo. Todo ser humano, no importa su edad, tiene derecho a disfrutar su sexualidad desde la infancia hasta la tercera edad. Esto incluye individuos en instituciones sociales, médicas, penales, y otros. La autonomía sexual del individuo debe estar limitada si su comportamiento se constituye en agresión u opresión hacia el otro.[10]

Lester Kirkendall, sexólogo de la Universidad de Oregon, John Money y Albert Ellis, padre de la terapia racional emocional, son algunos de los propulsores de esta moralidad. Quizás Albert Ellis ha sido uno de los más audaces en este campo y su libro, *Sex Without Guilt* es un manifiesto donde él se define respecto a diversos tópicos como la masturbación (auto-erotismo), literatura erótica, relaciones extramaritales y los mitos acerca del amor y el matrimonio.[11] Para Ellis el ser humano debe abandonar las ideas anticuadas y preconcepciones, y más bien guiarse por su idiosincracia personal sin tener que importarle los tabúes de su

---

[10] «A New Bill of Sexual Rights and Responsabilities», distribuido en clase «Sexuality and Ethics», 1985.

[11] Albert Ellis, *Sex Without Guilt* (California: Wilshire Book Company, 1966).

familia, círculo social, Iglesia o sociedad en general. Esto sería racional.

El movimiento ideológico de liberación femenina en los Estados Unidos en los últimos treinta años ha llegado a impactar también el mundo latinoamericano, especialmente a las clases sociales producto de la universidad. Aquí se recalca que la mujer es dueña de su propio cuerpo y no posesión del establecimiento patriarcal; la mujer es igual al hombre; la mujer le da un rotundo no al ultraje, el maltrato y el hostigamiento; finalmente la mujer no es un mero objeto sexual para el placer o la procreación: ella es sujeto que tiene autonomía y rige su destino. El libro *Our Bodies, Ourselves* es un clásico del feminismo norteamericano.[12]

Las repercusiones de este movimiento en el plano sexual permiten a la mujer definirse y no ser definida. La mujer no sólo se concientiza para pasar de un rol introvertido a un rol más asertivo dentro de su mundo. Ya no es esclava del matrimonio y su autoestima no tiene que sufrir si permanece soltera. Ella no tiene que ser un agente pasivo en las relaciones sexuales y también controla su procreación. Además, la mujer protesta cuando se le hostiga y maltrata aún dentro de los votos matrimoniales. Como todo movimiento, el feminismo tiene sus extremismos pero su clarín ha sonado y ha despertado a muchos y muchas del sueño de ingenuidad en que se encontraban.

En la ideología del machismo y el hembrismo, los roles sexuales se interpretan a la luz de la masculinidad. En el argot del pueblo nacer mujer es nacer «chancleta». Nacer varón es un privilegio que otorga superioridad ontológica. Jorge Taylor cita a un artículo de Jorge Gisi *Feminidad, Machismo: mitos culturales* donde el machismo se define como una ideología opresora que divide a los individuos en superiores e inferiores según su sexo.[13]

---

[12] Rathus, op. cit., cap. 12.

[13] Jorge Taylor, notas de curso de verano «Cuidado Pastoral para la Familia Hispana» en Eastern College, Filadelfia, 1984.

Según Taylor el machismo asfixia el desarrollo del matrimonio matando la intimidad y la comunicación.[14]

En esta ideología el hombre se presenta como duro, rudo, frío, intelectual, dominante, protector, incapaz de llorar, conquistador, independiente, racional, patriarcal, polígamo, experto en cosas sexuales e infiel. La mujer, por contraste, es caracterizada como suave, dulce, sentimental, afectiva, intuitiva, sexo débil, dependiente, maternal, puede llorar, sacrificada, abnegada, monógama, virgen y fiel. En la relación sexual el esposo machista piensa en su mujer como objeto de su satisfacción. La hembra en muchos casos cree que debe ser usada por su cónyuge. El derecho a participar del disfrute del orgasmo no es para ella. Lo importante en el coito es que el hombre machista alcance su clímax. En muchas ocasiones esto conduce a la frigidez en la mujer y la búsqueda de aliviar su tensión sexual vía la masturbación o en otra relación.[15]

Las raíces de estos fenómenos e ideologías pueden ser varias. Posiblemente se remontan a la conquista, la opresión, el odio hacia la madre que se desplaza con la mujer, y la socialización cultural y/o religiosa. El «marianismo», o sea la ideología religiosa que auspicia una identificación con María, la madre de Jesús en sus sufrimientos, es quizás una fuente de origen del hembrismo. Las teorías de etiología abundan pero lo que es más relevante es el impacto que dejan estas ideologías en sus víctimas tanto hombre como mujer.

SEXUALIDAD Y ESPIRITUALIDAD JUDEO-CRISTIANA

No podemos reducir la sexualidad del ser humano a un constante bombardeo de factores sociológicos, antropológicos, psicológicos y políticos que crean crisis internas y externas. Las Sagradas Escrituras no se mantienen en silencio referente a la sexualidad del ser humano. Su testimonio es elocuente y relevante, especialmente para nuestros días.

---

[14] Ibid.

[15] Ibid.

Richard Foster alude al gran teólogo suizo Karl Barth, quien veía al libro de Génesis como un testamento que afirma nuestra sexualidad y al libro de Cantar de los Cantares como la exaltación de la intimidad sexual de una pareja de desposados. En la creación, la *imago dei* (la imagen divina) de que habla Génesis 1.27 implica que nuestra sexualidad--la condición de ser hombre y mujer--es parte intrínseca del sello del Ser Supremo. El hombre y la mujer están invitados a participar del misterio de ser «una sola carne» (Gén. 2.24). El eros (amor carnal) estaba antes de la caída.[16]

La vida toda de Jesús de Nazaret, y no sólo sus palabras, impactaron cómo se debe ver la sexualidad del ser humano. Jesús se pronunció contra los divorcios frívolos de su época los cuales presuponían a la mujer como mera propiedad (Mt. 19). Su sentido de fidelidad a los votos matrimoniales era tal que describió al adulterio a un nivel más profundo que el acto exterior; lo percibió también como una condición interior: «Pero yo os digo que cualquiera que mira a una mujer para codiciarla, ya adulteró con ella en su corazón» (Mt. 5.28).[17] . El trato de Jesús con la mujer samaritana--quien tuvo muchos maridos--demuestra sensibilidad, compasión y empatía por la mujer. El no la rechazó por su historial sexual. Ella misma quedó impresionada por la forma como el Señor Jesús manejó esas experiencias (Jn. 4). En el capítulo 8 de Juan, Jesús rescata a una mujer que iba a ser víctima de la aplicación injusta de las leyes que penalizaban el adulterio. Jesús interroga a los maestros de la ley y los fariseos diciendo: «Aquel de ustedes que no tenga pecado que le tire la primera piedra» (Jn. 8.7) Esta declaración le da igualdad de status a los pecados y elimina las jerarquías de pecado que la mente humana estaba propensa a construir para autojustificarse.

En Juan 12, Jesús exalta las acciones de una mujer que le ofrece su adoración derramando un frasco de nardo de gran valor. El gesto de esta mujer también es registrado en Mateo 26:6-13 y

---

[16] Richard Foster, *op. cit,* cita a Karl Barth en el cap. 6.

[17] Ibid, pp. 81-82.

Marcos 3:9, y Jesús dice que esta historia será contada a las generaciones posteriores. El menosprecio patriarcal escudado en una racionalización de un pseudo-interés por los pobres fue desenmascarado por Jesús (Jn. 12). En adición, en Lucas 21 podemos ver a Jesús poniendo como ejemplo de devoción piadosa a una viuda pobre que según él fue quien más ofrendó pues dio todo lo que tenía.

Finalmente, las palabras de Jesús a su madre desde la cruz (Jn. 19) y las palabras de esperanza en su aparición post-resurrección a María Magdalena, a quien le pregunta «Mujer, ¿por qué lloras? ¿A quién buscas?», son palabras que retumban y encarnan la solidaridad divina con el sufrimiento humano que carga la mujer (Jn. 20.11-18). Es decir que en Jesús no se halla el dualismo sexista que tanto condenan teólogos y sexólogos contemporáneos.

Cuando venimos a las epístolas de San Pablo tenemos otra óptica. Su visión de la sexualidad está condicionada por conceptos de la tradición rabínica judía y también por conceptos helenistas. Según Nelson, autor de *Embodiment*, Pablo a veces es ambiguo cuando se refiere a la sexualidad. Afirma que Pablo recomienda el celibato de cara al matrimonio dado su escatología (incluyendo la creencia en el retorno inminente del Señor Jesús), su circunstancia histórica y su compromiso misionero. Pablo habla de la sumisión de la mujer en Efesios 5. Aún así él elevó el matrimonio a una metáfora de la unión de Cristo y la Iglesia. Es decir, el matrimonio es una relación mística fundamentada en el amor.[18] Es bueno recalcar que en la praxis pastoral del apóstol él no prefirió el silencio cuando se trataba del incesto (1 Co. 5). También la exhortación paulina a presentar los cuerpos como sacrificio vivo a Dios (Ro. 12) indica que no es víctima de un dualismo espiritual. Para Pablo todo nuestro ser--cuerpo, alma y espíritu--ha de ser útil en el seguimiento de Jesucristo.

Cuando hablamos de la historia del cristianismo tenemos que confesar que ha habido un gran divorcio entre la espirituali-

---

[18] Nelson, op. cit, pp. 50-51.

dad y la sexualidad del ser humano. En la época patrística, durante los primeros cinco siglos del cristianismo, había un énfasis en huir del placer carnal pues esto era visto como enemigo del espíritu, y la relación sexual del matrimonio se justificaba sólo en su rol de agente procreador.[19] Orígenes se castró, Tertuliano no abogaba mucho por el matrimonio y Jerónimo defendía el matrimonio porque de ahí se producían vírgenes.[20]

San Agustín, uno de los padres de la Iglesia, merece un comentario especial. Antes de su conversión al cristianismo él vivió una vida muy profana y promiscua. Luego de su conversión se constituyó gradualmente en un gran teólogo de la iglesia cristiana y expresó una gran antipatía hacia la sexualidad. El veía la caída de la humanidad como producto de la pasión sexual y catalogaba el acto sexual como algo contaminado, aún en la pareja cristiana. Agustín pintaba al sexo como apetito animal basado en la lujuria. El matrimonio podía participar de la sexualidad sólo con vistas a la procreación.[21]

Al considerar los teólogos de la Reforma como Martín Lutero y Juan Calvino, encontramos que sitúan al matrimonio en lugar más elevado de cara a la virginidad que tanto se defendía en la edad media. Aún así Lutero veía al matrimonio como un hospital de emergencia para la enfermedad de los instintos humanos. Por otra parte, Calvino era menos pesimista acerca del sexo. El entendía que el matrimonio no sólo era para la procreación y la extinción de las pasiones humanas sino también para proveer compañerismo. Además, creía que los actos sexuales de la pareja debían ser practicados por mutuo acuerdo.[22]

Hemos visto en forma breve que el dualismo de separar lo que se hace con el cuerpo y la vida espiritual crea enajenación y fomenta una especie de neurosis colectiva con un gran complejo de culpa. El ser humano es un ser sexual y es un ser espiritual. Su

---

[19] Foster,*op. cit*, pp. 75 y 83.

[20] Nelson, *op. cit.*, 52.

[21] Ibid, pp. 53-54.

[22] Ibid, pp. 55-56.

esencia no puede ser diluida en una dicotomía basada en la ignorancia y la negación de nuestro ser. Howard Clinebell, Richard Foster y James B. Nelson han proyectado en sus escritos la tesis de que la aceptación del ser humano como ente sexual abre el camino hacia la salud y la felicidad.

En tiempos como hoy debemos escuchar el consejo de Clinebell, quien describe a la sexualidad humana contemporánea como enfrascada en gran dolor, enajenación, sentido de culpabilidad e innumerables conflictos internos. Por ejemplo, las adicciones sexuales están causando gran dolor a nivel individual y familiar; las enfermedades sexualmente transmitidas de las que hay como veinte, incluyendo el SIDA causando estrago mundial, la erotofobia, los embarazos de adolescentes no planificados, la compulsividad sexual de ser macho, la homofobia y la violencia sexual contra niños y mujeres, son manifestaciones patológicas de nuestra generación.[23] A esto se debe añadir las observaciones de psicólogos clínicos tales como Myriam y Otto Ehrenberg, quienes apuntan que los divorcios y las subsiguientes familias reconstituidas intensifican los conflictos sexuales dentro del seno familiar. Por ejemplo, el tabú del incesto a veces está más presto a desarrollarse entre hijo y madrasta, padre e hijastra y también en las nuevas relaciones de hermanos. Si el padre o la madre no deciden casarse, pero sí participan en relaciones de intimidad, esto también le crea una serie de conflictos a los niños y niñas, los que deben clarificarse por medio de una buena comunicación.[24] Los Ehrenberg señalan que la sexualidad del adolescente le es de particular preocupación a los padres. No sólo el nivel de actividad, sino también el tema de la orientación sexual. No es muy fácil que

---

[23] Howard Clinebell, *Wellbeing: A Personal Plan for Exploring and Enriching the Seven Dimensions of Life* (New York: Harper Collins Publishers, 1992), p. 238.

[24] Miriam Ehrenberg y Otto Ehrenberg, *The Intimate Cycle: The Sexual Dynamics of Family Life* (New York: Fireside Book by Simon and Shuster, 1988), pp. 254-297.

un adolescente joven comparta sus luchas internas referente a su identidad sexual y tampoco lo es para sus padres.[25]

Los traumas y trastornos en la sexualidad del ser humano no se limitan al abuso sexual (incesto o abuso sexual extrafamiliar), enfermedades sexuales transmitidas, la orientación e identidad sexual (homosexuales, bisexuales) y la actividad sexual indiscriminada. También están las luchas existenciales de los transexuales, tranvestistas, fetichistas, sadomasoquistas, voyeuristas, exhibicionistas y las adicciones a la literatura erótica o al sexo cibernético. En otras palabras, los retos son innumerables y deben atenderse con urgencia.

PAUTAS PARA UNA CONSEJERÍA PASTORAL DE LA SEXUALIDAD

En toda esta situación en que nos enfrentamos a la sexualidad del ser humano tenemos que reconocer varias cosas. Primero, que somos seres sexuales. No podemos enajenarnos de nuestros cuerpos. La sexualidad es don de Dios y no un capricho. Esta sexualidad es también parte de lo espiritual en nosotros (*imago dei*). En otras palabras, el dualismo según el cual el espíritu es esclavizado por el cuerpo se debe rechazar. Somos espíritu y somos cuerpo.

Segundo, en nuestra obra de consejería debemos rechazar la internalización de todo dualismo sexista donde el hombre se juzga bajo una óptica superior a la de la mujer. La problemática existencial de la mujer es tan válida como la problemática existencial del hombre. Es decir, el modelo de Jesús debe imperar tratando de restaurar la *imago dei* del ser humano.

Tercero, debemos tener un lenguaje de diálogo con quienes buscan nuestra ayuda. El lenguaje no es para mistificar la situación sexual. El lenguaje debe tomar en cuenta las capacidades intelectuales, emocionales y religiosas del ser humano. Expandiendo quizás el significado de las palabras del apóstol Pablo

---

[25] Ibid, pp. 219-253.

en I Corintios 14, es mejor hablar en simple idioma a hablar «en lenguas» (jerga profesional). Por sobre todo el diálogo debe estar empapado en amor a la manera de 1 Corintios 13.

Cuarto, las personas no sólo vienen para buscar información. Sería muy fácil ponerles a leer y así resolver el problema como con una vara mágica. Las personas buscan una relación transparente, quizás lo más cercano a una relación divina donde haya respeto y reverencia por su propia imagen divina en ellas mismas. La relación se desarrolla en un acompañar en el camino, y en este camino hay sanidad, como diría Leanne Payne.[26] No importa dónde ni como hayan caído, la gracia de Dios es suficiente para levantar, restaurar y renovar.

Finalmente, la sexualidad y el ser humano invitan a la consejería pastoral a ir fuera del portón donde está Cristo.[27] Al cruzar dichas fronteras se sembrarán nuevos surcos de esperanza. En nuestras experiencias en Black Harlem en la ciudad de Nueva York, tuvimos la oportunidad de trabajar con niños y niñas víctimas de abuso sexual. Sus luchas se constituyeron en nuestras luchas, sus debilidades nuestras debilidades, y sus esperanzas también las nuestras. Aún con sexualidades prematuramente tronchadas habían destellos de esperanzas. En todo esto el agente sanador era el amor, pues «el amor todo lo espera, todo lo soporta y no deja de ser...» Sigamos amando fuera de las puertas de Jerusalén estableciendo diálogo. Sigamos acompañando, rechazando el dualismo espiritual y el dualismo sexista. Si no desmayamos la imagen divina seguirá renovándose y restaurándose por la gracia de Jesucristo, y la sexualidad del ser humano cesará de ser tabú y se convertirá en don inefable de Dios.

---

[26] Leanne Payne, *The Broken Image*, (Wheaton: Crossway Books, 1981), p. 146.

[27] Orlando E. Costas, *Christ Outside the Gate: Mission Beyond Christendom*, (Maryknoll, New York: Orbis Books, 1982).

PRAXIS PASTORAL «AQUÍ Y AHORA»

La tarea de trabajar con la sexualidad de la persona no es propiedad exclusiva de aquellos que portan un certificado de aprobación otorgado por los gremios profesionales del mundo de la consejería. La praxis pastoral en nuestra comunidad hispana y latinoamericana no puede darse el lujo de esquivar esta dimensión tan importante en la comunidad de fe. El púlpito hispano tiene que atreverse a hacer una hermenéutica contextual de nuestro ser en Cristo en el aspecto sexual. La predicación no puede continuar reforzando una dicotomía entre cuerpo y espíritu. El mensaje fundamental de la iglesia es la salvación, pero esta salvación está preñada de significado. La salvación implica salud, pero no podemos limitar su sentido a una curación de un mal espiritual que agobia el alma. La salvación en el sentido más amplio incluye la sexualidad. La salvación que se ofrece por el sacrificio de Jesús en la cruz y su poderosa resurrección es también sexual. Cuando decimos esto estamos tomando en serio el análisis de Nelson que declara que la salvación que Dios ofrece es una salvación sexual.[28] Para algunos de nosotros esta aseveración suena chocante debido a nuestra adicción a las concepciones greco-platónicas donde el espíritu se percibe como la antítesis del cuerpo. Según tales preconcepciones, Dios está interesado solamente en nuestra alma y nuestro espíritu y no en nuestros cuerpos. Por tanto, hay que atreverse a destruir este mito que sirve de colcha de comodidad y proceder a aceptar nuestros cuerpos como obra del Dios Trino.

Cuando se reconoce que la salvación es sexual, muchos temas tabúes en nuestros púlpitos y clases de educación cristiana, pasan a ser temas legítimos de reflexión. La continua enajenación sobre la sexualidad perpetúa la serie de crisis que se experimentan día a día en nuestras iglesias. El compromiso en la praxis pastoral de diseñar currículos educativos con respecto a la sexualidad para todas las edades, ayudará a prevenir y comprender las patologías.

---

[28] Nelson, *op. cit.*, p. 70.

En nuestra experiencia pastoral hay quienes ofrecen resistencia a dichas sugerencias debido a que su definición del rol de la iglesia es preparar ciudadanos para el cielo. Por el contrario, tanto el Señor Jesús como el apóstol Pablo reconocieron que también somos ciudadanos de esta tierra y hay que cumplir con las responsabilidades terrenales (Mt. 17:24-27, 22:15-22 y Ro. 13). Nos atrevemos a sugerir que la resistencia mayor no viene de la masa del pueblo o del laicado. Muchas veces tal resistencia proviene de aquellos que están en autoridad los cuales prefieren un estilo de educación «bancaria» donde el acento está en lo que no se puede hacer o pensar en el ámbito sexual y a la misma vez siguen creando cargas que ellos mismos no llevan. El reto a diseñar un modelo educativo existencial de «aquí y ahora», uno no utópico, eliminará muchas barreras y creará un mejor diálogo.

La praxis pastoral «aquí y ahora» tiene un modelo pedagógico que no es autocrático pero sí auto-crítico. Es un modelo en lo referente a lo sexual no homofóbico ni sexofóbico; tampoco es sexomaniático. El modelo crea espacio para hacer preguntas y no sólo suplir respuestas enlatadas.[29] En este modelo tanto el niño como el joven, la persona adulta y la anciana tienen oportunidad de emitir su palabra que defina su circunstancia. Este modelo es congruente con una iglesia que se perciba como comunidad donde habita el Espíritu y por ende donde está el Espíritu hay libertad (2 Co. 3.17). Esta libertad se goza al crear espacios para aclarar dudas, examinar tradiciones y promover una «metanoia» (conversión) genuina de cuerpo, alma y espíritu.

Ya en Puerto Rico se están haciendo intentos serios y sistemáticos de promover un nivel más avanzado de conocimiento respecto a la sexualidad en las comunidades de fe. A través de talleres, seminarios, retiros y conferencias se está creando una praxis pastoral pertinente. Además, en la *Escuela Graduada Nacional de Consejería Pastoral* se están presentando trabajos de investigación los cuales ilustran el estado real en lo que respecta al tema de la sexualidad y la Iglesia Evangélica. Por ejemplo, se

---

[29] Paulo Freire, *Pedagogía del Oprimido,* (México: Siglo Veintiuno Editores, SA, 1982), p. 101.

ha analizado el tema de los factores que afectan las relaciones sexuales entre parejas de matrimonios cristianos pentecostales de 40 a 65 años de edad del pueblo de Arecibo, Puerto Rico. Se encontró la inactividad sexual del 61% de las personas encuestadas; entre los factores que contribuían a esta situación se encontraron niveles de educación sexual y actitudes negativas referente a la sexualidad debido a idiosincracias religiosas dualistas platónicas o augustinianas. Otros factores eran problemas personales, familiares y de comunicación.[30]

La praxis pastoral de «aquí y ahora» tiene grandes retos en el campo de la sexualidad. En nuestra sociedad tan saturada de ideologías y prácticas de diversas fuentes, la iglesia no puede mantenerse aislada en una conspiración de silencio. Cada persona esta luchando con sus fantasmas sexuales y la praxis pastoral de la iglesia esta convocada a ser «sal de la tierra» pues hay mucha putrefacción a causa de las patologías sexuales; se debe «ser luz» pues hay mucha oscuridad en muchas áreas (Mt. 5). El conocimiento como don de Dios y la gracia del Señor Jesucristo nos guiarán a encarnar una praxis pastoral para «aquí y ahora» y no para mañana.

Una de las necesidades apremiantes que tiene que enfrentarse la praxis pastoral es el desarrollo de identidad sexual y su orientación en el ser humano. Esta categoría no se agota en el problema del homosexualismo. Las posiciones referentes a esta situación existencial abundan y sobreabundan. Hay algunos, como señala James Nelson, que ven nuestro ser ontológico como andrógino y creen que ser varón y hembra es producto de la caída de Adán y Eva. Por lo tanto él aboga por la libre expresión de nuestro ser ontológico antes de la caída. «Andrógino» para Nelson, no es ser bisexual o ser hermafrodita, sino que la personalidad humana está compuesta por polaridades femeninas y mascu-

---

[30] Raúl Tejera y José Pabón Rivera, «Factores quue afectan las relaciones sexuales entre parejas de matrimonios cristianos pentecostales de 40 a 65 años de edad del pueblo de Arecibo, Puerto Rico» (Tesis de Maestría de Consejería Pastoral, 1995), pp. 128-139.

linas[31] que deben cultivarse. En un extremo opuesto está Tim La Haye quien ve a los estilos de preferencia sexual como productos de una sociedad permisiva, especialmente influenciada por lo que él llama la propaganda de Kinsey con sus informes acerca de la sexualidad humana en 1948 y 1953. Los hallazgos de Kinsey en sus entrevistas referente a la alta incidencia del homosexualismo es considerado por La Haye como la «Biblia de la Revolución Sexual». Según La Haye las contribuciones de Kinsey no son confiables pues están basadas en subjetividad y su método de escoger una población universitaria para explorar su temática cancela la probabilidad de tener una buena muestra representativa.[32]

Sería muy fácil restringir la praxis pastoral a posiciones dogmáticas o sumamente esotéricas en lo que se refiere a los retos de identidad y la formación sexual. Tampoco la praxis pastoral se puede limitar a diagnosticar por ejemplo un problema de sexualidad como *ego sintónico* o *ego distónico* de acuerdo a un manual de diagnóstico. La praxis va más allá del diagnóstico. La praxis pastoral tampoco puede ser vocero de la herencia ideológica machista-hembrista que estereotipa y oprime a toda persona que no es heterosexual. La praxis pastoral esta llamada a consolar, clarificar y confrontar la enajenación de nuestro propio cuerpo. El cuerpo tiene que ser visto no como mero objeto e instrumento de placer sino como un sujeto que tiene «telos» (propósito). Este propósito no se limita a exhibir un comportamiento de preferencia sexual. El cuerpo ocupa un lugar más prominente pues es templo del Espíritu Santo (1 Co. 6.19). Como templo del Espíritu Santo el cuerpo tampoco se reduce a un instrumento de procreación: nuestro cuerpo tiene la estampa que contradice toda esclavitud de las pasiones y hace posible una auto-realización solidaria con todos los otros seres humanos. El reconocer la imagen de Dios en el ser humano implica que muchas veces en nuestra praxis pastoral nuestro llamado no es para preguntar por qué el hombre nació

---

[31] Nelson, op. cit., pp. 97-103.

[32] Tim La Haye, *Homosexualidad, lo que es, lo que hace y cómo superarla: Una respuesta cristiana*, (Wheaton: Editorial Mundo Hispano, 1990), pp. 14-18.

ciego (Jn. 9.1-3) sino explorar cómo traer la gloria de Dios (Shekinah) a su vida. En la homosexualidad como en cualquier otra tribulación la obra de Dios se puede manifestar, dice C.S. Lewis.[33]

Finalmente, como comentamos al principio, la sexualidad tiene una vertiente religiosa y lo religioso tiene una vertiente sexual. La sexualidad humana tiene que ver con relaciones: relaciones con el Dios Trino, relación con los otros y con nosotros mismos. En este peregrinaje de fe hay mucho que recorrer y mucho que aprender. La fe sigue buscando entendimiento como decía San Anselmo. Y hoy más que nunca se necesita una praxis pastoral de «aquí y ahora» que no tema las preguntas sino que acompañe al ser humano en su búsqueda de significado y propósito en su circunstancia existencial, a la luz del proyecto divino para la humanidad. ¿Se podrá? La respuesta se halla en nosotros; sólo tenemos que decir la palabra...

---

[33] C.S. Lewis, «Cartas a Ruth Pitter» citado en Leanne Payne, op. cit., 129.

6
INTERVENCIÓN PASTORAL EN SITUACIONES DE CRISIS DE FAMILIA

por Jorge E. Maldonado

INTRODUCCIÓN

En todas partes los seres humanos enfrentamos circunstancias adversas, cambios súbitos, y pérdidas significativas, que ponen a prueba nuestra manera de relacionarnos, nuestro equilibrio emocional y nuestra salud. Diversos tipos de crisis parece afectar hoy, más que nunca, la vida de personas, familias, comunidades y pueblos enteros. En algunos lugares la causa está en los desastres naturales y creados por el ser humano; en otros, son las condiciones políticas y sociales; en otros, la mera convivencia humana o el desarrollo natural de la familia.

Nos proponemos tratar el tema desde una perspectiva pastoral, es decir como la acción de toda la iglesia (no sólo del pastor o la pastora) en el acompañamiento a las personas y familias en crisis. Ya que toda atención pastoral es un encuentro en el ámbito de las «cuestiones finales» y toda crisis tiene un potencial religioso, la intervención en crisis no puede reducirse al mero manejo de técnicas y procedimientos, sino que es parte del ministerio de consolación que el pueblo de Dios está llama do a brindar a la comunidad. Mucho antes que las profesiones de ayuda se hicieran presentes en la historia, pastores y laicos sensibles y sensatos fueron los consejeros «naturales» en momentos de crisis. Aun hoy en día, cuando hay mayor acceso a los servicios profesionales de salud, la mayoría de las personas en crisis hacen primero contacto con sus ministros y líderes espirituales antes de dirigirse--si es necesario--a los profesionales. Por todo esto, la iglesia está idealmente situada para ofrecer acompañamiento en situaciones de crisis.

También nos limitaremos a considerar el tema en relación con las crisis de la familia. Otros tipos de crisis (económica, moral, política, etc.) caen fuera del ámbito de este capítulo, no porque no nos conciernan los problemas globales, sino porque son objeto de otro nivel de análisis y requieren otro acercamiento y otras estrategias de intervención. La salud (física, mental, social y espiritual) ha sido desde antaño responsabilidad de la familia y de la red de parientes. Por algún tiempo los estados modernos intentaron asumir la mayor parte de los servicios de salud. Hoy en día, cuando las economías del mundo--especialmente las de los países dependientes--están en crisis y los presupuestos para la salud pública se ven recortados, la familia--en su variadas formas--está retomando su papel de sanadora. Es en la familia que las situaciones de crisis se dejan sentir con más rigor. Es allí también, en la familia, en donde se mitigan los dolores y se encuentra la solidaridad más cercana en el momento de la crisis. En la familia también se procesan las crisis de desarrollo normales y necesarias para que el conjunto familiar pase de un estadio a otro de su evolución social. La familia ha probado ser una entidad con muchos recursos. En los sectores más pobres del mundo la familia ha diseñado estrategias de sobrevivencia que permiten a sus miembros suplir sus necesidades básicas. Donde los programas de salud son insuficientes, la familia ha encontrado maneras de ofrecer a sus integrantes atención y cuidado en tiempos de enfermedad a diferentes niveles de eficacia. No son pocos los testimonios de cómo las familias en necesidad han desarrollado iniciativas creativas, experiencias en medicina tradicional, educación no formal, y economías (informales) de subsistencia.

Además, optamos por abordar el tema de la intervención en crisis desde una perspectiva salutógena, es decir enfocada en la salud antes que la enfermedad. Procuraremos encontrar respuestas a la pregunta «¿Qué hace que una persona o una familia supere una crisis?», antes que enfocarnos en la cuestión «¿Qué causa una crisis?»[1] No desconocemos, sin embargo, que hay una cone-

---

[1] Lea Ann Hoff, *People in Crisis: Understanding and Helping* (Redwood City, CA: Addison - Wesley Publishing House, 1989).

xión estrecha con otros dos tipos de trabajo muy importantes: la prevención de las crisis, cuando esto es posible (manejo del estrés, la adaptación a los cambios, etc.) y la terapia de crisis (la restauración más allá del daño ocasionado por una crisis mal procesada y mal resuelta).

DEFINICIÓN Y CARACTERÍSTICAS DE UNA CRISIS

No se debe confundir la crisis con un problema, una tragedia o una emergencia. Todos enfrentamos con frecuencia problemas, sin que necesariamente lleven a una crisis. Una *tragedia* es un acontecimiento desafortunado, mas bien externo, que afecta a las personas de manera diversa, y no necesariamente conduce a una crisis o se deriva de ella. Una *emergencia* es un estado subjetivo, una sensación de que uno necesita de ayuda externa para enfrentar los cambios o para poner fin a ellos.

La crisis es un estado temporal de trastorno y desorganización caracterizado principalmente por: 1) la incapacidad del individuo, familia o grupo social para resolver problemas usando los métodos y las estrategias habituales; y 2) el potencial para generar resultados radicalmente positivos o radicalmente negativos.[2]

Todos los humanos enfrentamos con frecuencia el impacto de situaciones problemáticas que demandan acciones específicas para resolverlas. El desequilibrio o la tensión causada por el impacto del estímulo es, la mayoría de las veces, reducido rápidamente mediante el empleo de estrategias conocidas. La crisis

---

[2] Las investigaciones modernas sobre la naturaleza de las crisis y sus efectos psicológicos se remontan a la década de los 40 en los Estados Unidos, luego de un incendio masivo en la ciudad de Boston en 1942 en donde perdieron la vida 493 personas. Un equipo dirigido por Eric Lindermann trabajó con los sobrevivientes y redactó un informe publicado luego como «Symptomatology and Management of Acute Grief», *American Journal of Psychiatry*, 1944, 101, pp. 141-148. Otro teórico importante y pionero en este campo es Gerald Caplan, *Principles of Preventive Psychiatry* (New York:Basic Books, 1964); *An Approach to the Study of Family Mental Health* (U.S. Public Health Reports, 71, nº 10) Government Printing Office, Washington, 1956.

acontece cuando las acciones conocidas destinadas a solucionar la amenaza--y los nuevos intentos, y las medidas de emergencia--resultan ineficaces, permitiendo así que la tensión creada por el evento amenazante se incremente hasta desbordar las capacidades de contención de la persona o del sistema familiar.

Cuadro 1

El impacto del estímulo

Suceso desen-cadenante: -Amenaza -Tragedia -Estímulo -Problema	Aumento del estrés, la tensión o la ansiedad	Se movili-zan estrate-gias habi-tuales Los intentos de solución fracasan	Aumenta el estrés y la ansiedad	Se movilizan nuevos recur-sos de emer-gencia Posibles resul-tados: -Reducción de la amenaza externa -Redefinición del problema -Renuncia a objetivos fijos -Fracaso	Desborde de las capa-cidades disponibles: CRISIS

Una crisis de ninguna manera implica necesariamente patología. Es más bien una respuesta normal de la persona o del sistema familiar ante la amenaza de factores internos y externos significativos. Representa, eso sí, tanto oportunidad como peligro. Como *oportunidad*, puede ayudar a las personas, las familias y las comunidades a crecer aún en medio del dolor. La crisis representa un *peligro* porque tiene el potencial de llevar a las personas y familias a paralizarse, a perder la confianza en ellos mismos, a aislarse y no asumir responsabilidad por ellos ni por los demás.

Tanto la crisis como su resolución dependerá de una combinación de factores, entre los que se cuentan:

- La severidad o intensidad del suceso desencadenante (la amenaza)
- Los recursos personales (salud, autoestima, flexibilidad)
- El sistema de creencias y valores (espiritualidad, fe)
- Los recursos materiales (externos)

- Los recursos sociales presentes al momento de la crisis (familiares, amigos, iglesia, comunidad).

Cuadro 2

La crisis en sus contextos diversos[3]

Sistema	Variables
Persona	Aspectos conductuales, afectivos, somáticos, interpersonales y cognoscitivos de un funcionamiento individual.
Familia y grupo social	Familia, amigos, vecinos, y la naturaleza de las relaciones con la persona en crisis (cohesión, patrones de comunicación, papeles y responsabilidades, flexibilidad y franqueza, valores).
Comunidad	Ubicación geográfica, recursos económicos y materiales; estructuras y políticas gubernamentales (ejecutiva, judicial y legislativa); el lugar de empleo del individuo; negocios, escuelas, industrias, iglesias y organismos vecinales.
Cultura y sociedad	Valores predominantes, tradiciones, normas, costumbres.

La crisis, como experiencia desagradable común a todos los humanos, está limitada en el tiempo. Se requiere de unos pocos días hasta unas pocas semanas (entre 4 y 6) para recuperar el equilibrio. Ni el organismo ni el sistema familiar, al parecer, toleran niveles altos de desorganización por períodos prolongados. Generalmente sigue patrones secuenciales en su desarrollo. Las crisis se asemejan mucho entre sí sea cual fuere la tensión que la provoca (Véase el cuadro 3).

La crisis casi siempre se manifiesta por un suceso que la precipita como la gota que desborda el vaso de agua. Aunque algunos de esos sucesos son universalmente devastadores, no existe una relación causa-efecto entre el factor precipitante y la crisis como tal. Ante una misma situación algunos individuos o sistemas

---

[3] Adaptado de Karl A. Slaikeu, *Intervención en crisis* (México: Editorial El Manual Moderno, 1988), p. 27.

familiares se sienten emocionalmente amenazados y entran en crisis, mientras que otros no.

Las personas en crisis presentan un alto grado de accesibilidad psicológica. Es decir, están más abiertas a la ayuda, son más vulnerables a la influencia externa y, generalmente, dispuestas al cambio. Las crisis trastornan los valores y el sentido de la vida. Las personas en crisis se plantean preguntas básicas tales como: «¿qué sentido tiene la vida?», «¿por qué me sucede esto a mí?», «¿por qué lo ha permitido Dios?», «¿vale la pena seguir viviendo?». El consejero cristiano que ignora los aspectos espirituales de una crisis no responde a la totalidad de la persona que atiende ni a su propia vocación. Durante una crisis las personas suelen encontrarse especialmente receptivas a considerar de manera renovada sus posturas respecto a la fe, a la esperanza, al sentido último de la existencia y a un proyecto de vida significativo. Le toca al consejero o la consejera ser sensible y muy respetuoso en este aspecto.

Cuadro 3

El proceso de una crisis[4]

Evento desencadenante: tragedia desastre desgracia	Las reacciones iniciales Emociones fuertes -miedo -culpa -ira -tristeza frustración	Oportunidad	Estrategias funcionales: -expresión de sentimientos -elaboración del duelo -dominio conductual -adaptación conductual	**Recuperación y crecimiento**
	Desorganización personal -apatía -desesperación -hiper-actividad -hipo-actividad		Estrategias disfuncionales -retraimiento e huida -negación -agresión	Crisis mal procesada -depresión prolongada

[4] Adaptado del esquema desarrollado por Gilberto Brenson, *Trauma psicosocial* (Bogotá: Instituto de psicología Neo-Humanista, 1985; Quito, EIRENE, 1990).

Estado de «shock» -incredulidad -pérdida de la memoria	Ideas extrañas -suicidio -alucinaciones Somatización -dolor de cabeza -malestar estomacal -taquicardia -pérdida de sueño	Peligro	-pasividad -dependencia	-quiebres nerviosos -dolencias crónicas -fármaco-dependencia -conducta delictiva

Tipos de crisis familiares

Las maneras de clasificar una crisis dependen del marco teórico de cada autor y de la forma como se percibe la interacción entre el factor desencadenante (estrés, suceso traumático, amenaza externa) y el manejo que hace de él el individuo o la familia. Autores como Slaikeu[5] y Stone[6], partiendo del origen del estímulo, proponen dos tipos de crisis: las circunstanciales y las de desarrollo. Howard y Libbie Parad,[7] en base a la naturaleza del factor desencadenante, hablan de tres tipos: las que son disparadas biológicamente, las que son disparadas ambientalmente y las advenedizas. El psiquiatra Frank S. Pittman,[8] desde una perspectiva familiar y sistemática, encuentra que hay cuatro tipos de crisis familiares: a las crisis circunstanciales y de desarrollo añade las estructurales y las de desvalimiento.

Optamos por utilizar la clasificación de Pittman ya que mejor se aproxima a tomar en cuenta el papel de la familia en el brote, el manejo y la resolución de las crisis individuales. La crisis de un individuo es a menudo sintomática de una crisis que ha sido experimentada en uno o más de sus grupos de referencia. De modo que, «la unidad básica de análisis en la comprensión de una

---

[5] Slaikeu, op. cit.

[6] Howard W. Stone, *Asesoramiento en situaciones de crisis* (Buenos Aires: Editorial La Aurora, 1979).

[7] Howard Parad y Libbie Parad, *Crisis Intervention, Book 2* (Milwaukee: Family Service America, 1990), p. 8.

[8] Frank S. Pitmann, *Momentos decisivos: Tratamiento de familias en situaciones de crisis* (Buenos Aires: Paidos, 1990).

crisis no es el sujeto individual sino mas bien una o más de las órbitas de las cuales él es miembro.»[9] Además, las crisis, en tanto que incluyen reacciones emocionales individuales a las amenazas presentes, pueden estar enraizadas en experiencias pasadas que amenazaron las necesidades básicas de la familia.

Las crisis circunstanciales

- Son accidentales
- Inesperadas
- Apoyadas en un factor ambiental

El estrés es real, manifiesto, imprevisible y surge de fuerzas externas, ajenas al individuo y a la familia, como son, por ejemplo, una guerra, una enfermedad, un accidente, un incendio, un terremoto, la devaluación de la moneda, el incremento en el costo de la vida, etc.

Con frecuencia, las familias se adaptan bastante bien a los efectos desastrosos de una crisis inesperada. La culpa sentida o atribuida no es tan grande como en otros tipos de crisis y puede ser mejor verbalizada. Además, los miembros de una familia o comunidad suelen recibir ayuda inmediata y solidaria de los que les rodean. Generalmente no requieren de intervención profesional y las personas, familias y comunidades suelen recuperarse e incluso desarrollar nuevas estrategias de sobrevivencia y mayor sensibilidad ante el dolor ajeno.

Sin embargo, se necesita poner atención a la manera como se manejan las pérdidas a fin de facilitar la recuperación y el óptimo funcionamiento posterior. Para ello, la clave cognoscitiva será de vital importancia, es decir, elaborar el significado de las pérdidas, comprender el grado de interrupción a su proyecto vital, y reconocer la intensidad con la que la vida entera ha sido sacudida.

El objetivo de la ayuda pastoral en las crisis circunstanciales puede ser doble: 1) estimular a las personas afectadas--por

---

[9] Charles P. Ewing, *Crisis Intervention as Psychotherapy* (New York: Oxford University Press, 1978), p. 15.

el golpe de lo inesperado y por las pérdidas que por lo general dejan los eventos traumáticos--a expresar sus sentimientos en un ambiente de aceptación, solidaridad y empatía; y 2) acompañar a las personas, familias, grupos o comunidades en el proceso mediante el cual se «penetre» (se reflexione, asuma, analice) el suceso de la crisis de modo que se lo integre dentro de la experiencia de vida, a fin de que cada persona quede abierta, en vez de cerrada, al futuro.

Las crisis de desarrollo

- Son normales, universales, previsibles
- No se las puede detener ni producir prematuramente
- Trasladan al individuo y a la familia a otro nivel de madurez y funcionamiento
- Provocan cambios permanentes en el status y en la función de los miembros de la familia

Algunos de los cambios evolutivos en la vida familiar son sutiles y graduales, mientras que otros son abruptos y dramáticos; algunos son determinados por el reloj biológico, mientras que otros por los condicionamientos de la sociedad; algunos son asimilados por la persona y la familia con mayor facilidad, mientras que otros son resistidos. Las crisis de desarrollo en una familia tienen lugar, por lo general, cuando la estructura de la familia parece incapaz de incorporar la nueva etapa de desarrollo de alguno de sus miembros o del conjunto familiar. Una vida personal y familiar equilibrada es, en parte, el resultado de haber enfrentado con éxito una serie de crisis normales de desarrollo. Por otro lado, eventos en la vida de una familia que requieren un esfuerzo prolongado para sobrellevarlos, tales como la migración o el divorcio, pueden ser considerados como «matriz de crisis»,[10] es decir momentos vulnerables en toda familia que pueden o no desarrollar una crisis.

El tipo de estrés en las crisis de desarrollo es, por lo general, manifiesto y es posible prepararse de antemano. Sin embargo,

---

[10] Parad y Parad, *Crisis Intervention, Book 2)* p. 8.

en diversos ambientes culturales no se permite la discusión abierta de estos temas ni la celebración del tránsito de una etapa a otra de la vida, por lo que las personas y familias que las experimentan se sienten aisladas, confundidas o culpables.

Al parecer cada etapa del ciclo evolutivo de la familia inevitablemente incluye una crisis de alguna índole. Aunque la familia está llamada a evolucionar y adaptarse a las nuevas etapas de desarrollo de sus miembros, la respuesta más usual de la familia es resistir el cambio, demorarlo y hasta castigarlo. «Los problemas surgen cuando una parte de la familia trata de impedir la crisis en lugar de definirla y adaptarse a ella. También puede haber problemas si alguien de la familia desea que los cambios propios del desarrollo sean más rápidos o más pronunciados.»[11]

Betty Carter y Monica McGoldrick,[12] en su ya clásico estudio del ciclo vital de la familia norteamericana de clase media, ofrecen un esquema de las transiciones que una familia experimenta al pasar de una etapa a otra en su ciclo vital. Cuando el tránsito a la siguiente etapa es resistido o cuando las actitudes requeridas para asumir los cambios no están presente, es posible que se provoque una crisis de desarrollo. Wen-Shing Tseng y Jin Hsu,[13] han documentado la forma como las diferentes culturas organizan y definen las etapas del ciclo vital de la familia. En todo caso, se supone que la transición de un estado a otro de su desarrollo requiere una serie de cambios cualitativos en la relación de sus miembros.

El objetivo principal de la ayuda pastoral en las crisis de desarrollo es «normalizarlas», es decir acompañar a la persona o a la familia en la aceptación de la nueva etapa, en identificar los ajustes necesarios para funcionar adecuadamente en ella y vivir con el desafío de seguir creciendo a nuevos horizontes.

---

[11] Pittman, *Momentos decisivos, p. 33.*

[12] Betty Carter & Monica McGoldrick, *The Changing Family Life Cycle,* second edition (Boston: Allyn & Bacon, 1989), pp. 15-17.

[13] Wen-Shing Tseng & Jin Hsu, *Culture and Family: Problems and Therapy* (New York: The Haworth Press, 1991), p. 45

Las crisis estructurales

- Son recurrentes
- Resultan de la exacerbación de pautas intrínsecas en la familia
- Son, por lo general, un esfuerzo para evitar el cambio y, por lo tanto, las más difíciles de tratar en una familia.

Aunque las tensiones sean extrínsecas, reales y específicas, en las crisis estructurales se ponen de manifiesto las pautas de interacción intrínsecas, y el desbalance surge de las tensiones ocultas que no se han resuelto. Este tipo de crisis «son como esos terremotos que surgen periódicamente, producto de fuerzas internas profundas».[14] Este tipo de crisis suelen ser recurrentes, a menos que la primera crisis de la serie se haya manejado en una familia lo bastante bien como para resolver los problemas de personalidad en el individuo o los problemas estructurales en la familia.

Estas son las crisis más difíciles de tratar ya que tales crisis no representan un esfuerzo para producir un cambio, sino mas bien para evitar cualquier cambio que amenaza el frágil equilibrio familiar. Las personas suelen invertir toda la energía en evitar el cambio. La mayoría de las familias verdaderamente disfuncionales padecen este tipo de crisis. Las familias alcohólicas son especialmente difíciles de tratar.

Las crisis de desvalimiento suceden:

- Cuando hay miembros disfuncionales o dependientes
- Cuando la ayuda que se necesita es muy especializada o difícil de reemplazar
- Cuando la familia pierde el control de aquellos de los que depende.

Este tipo de crisis ocurre en familias en las que uno o más de sus miembros son disfuncionales y dependientes. Los miembros funcionalmente dependientes (tales como los niños, los ancianos, los enfermos crónicos y los inválidos) mantienen atada a

---

[14] Pittman, *Momentos decisivos,* p. 37.

la familia con sus exigencias de cuidado y atención. Cuando los cuidados requeridos agotan los recursos de la familia, ésta puede necesitar de agentes externos para seguir prodigando el cuidado necesario al miembro dependiente. Cuando una familia depende de asistentes externos está sujeta a tensiones imprevisibles y a fuerzas que escapan a su control. Las crisis de desvalimiento más graves surgen cuando la ayuda que se necesita es muy especializada y difícil de reemplazar.

Hay afecciones físicas y mentales que son crónicas. La depresión, por ejemplo, aparece ser preponderantemente química y genética, y estar--en gran medida--más allá del control de la persona o de su familia. Es posible que la esquizofrenia se origine, al menos en parte, en factores químicos y bien puede tornarse recurrente o crónica sin que los empeños individuales o familiares puedan influir radicalmente. Pittman, experimentado psiquiatra y terapeuta familiar, dice al respecto de la esquizofrenia: «Tal vez el afán de los miembros de la familia por encontrar una cura echándose la culpa a sí mismos, al paciente o entre sí, impida aceptar la naturaleza crónica o recurrente de estas afecciones. En la mayoría de los casos la esquizofrenia puede manejarse y estabilizarse sin invalidez, pero acaso requiera medicación o terapia prolongada. La resistencia de la familia para continuar el tratamiento suele dar por resultado una recaída.»[15] Las crisis de desvalimiento más típicas se originan en familias en las cuales la incapacidad física o mental de uno de sus miembros es reciente y aún no ha sido del todo aceptada.

En las crisis de desvalimiento (o crisis de cuidador) hay poco que el consejero pastoral puede hacer, excepto evitar ser adoptado como un nuevo cuidador. No es posible esperar la solución de los problemas o el logro de cambios significativos. Se puede ofrecer tan sólo unos oídos atentos, una respuesta sincera sobre las dificultades y el estímulo a explorar alternativas más justas para manejar mejor el estado de dependencia.

---

[15] Pittman, *Momentos decisivos*, p. 41.

MODELOS DE INTERVENCIÓN

El modelo A-B-C

En 1968, un psiquiatra de Los Ángeles desarrolló el método A-B-C destinado a capacitar personal laico de un centro comunitario para personas en crisis.[16] Más tarde, tanto Howard J. Clinebell[17] como Howard W. Stone,[18] por separado, lo adoptaron para el ámbito pastoral. El método consiste en los tres aspectos muy importantes a desarrollar en el proceso de ayuda. El modelo no supone necesariamente una progresión de A a B y de B a C. A menudo dos momentos o los tres se superponen. Por ejemplo, mientras se identifican los sentimientos esenciales (B), se espera lograr una relación de confianza (A).

A. Alcanzar una relación de confianza y comunicación con las personas afectadas. Para ello se necesita:

- Ofrecer atención solícita
- Escuchar sin juzgar
- «Ponerse en los zapatos» de los afectados
- Considerar a las personas y familias en crisis capaces de enfrentarla, y comunicarles esa convicción

B. Bajar hasta los componentes fundamentales de la crisis y su profundidad emotiva. Esto significa trabajar con las personas en:

- Identificar y expresar los sentimientos que les dominan
- Definir el contenido particular de esos sentimientos. Si bien los sentimientos son comunes a todos, el contenido particular de ellos es distinto para cada individuo. Todos experimentamos tristeza, pero Juan *se siente triste* (sentimiento) porque

---

[16] Warren A. Jones, «The A-B-C Method of Crisis Management» en *Mental Hygiene,* enero 1968.

[17] Howard J. Clinebell, «Cuidado y asesoramiento en crisis», *Encuentro y Diálogo* (Buenos Aires: ASIT), 1990, N° 3, pp. 81-83.

[18] Howard W. Stone, op. cit., pp. 57-81.

perdió su empleo (contenido). El contenido aclara los sentimientos, y ambos unidos suministran el significado.

- Ajustar el foco de atención, de modo que se identifique con claridad el hecho desencadenante, la amenaza que encierra y los recursos con que se cuenta.
- Lograr una «formulación consensual» de los sucedido. Esto es, expresar en palabras un acuerdo entre el facilitador y la(s) persona(s) asistida(s) sobre lo sucedido. Esto no sólo que reduce la ansiedad y aumenta la autoestima, sino que también facilita que las personas se movilicen hacia el siguiente paso y salgan adelante.

C. Combatir activamente. Esto implica:

- Establecer objetivos alcanzables. Aquí cabe reconocer lo que se puede cambiar y lo que no se puede cambiar.
- Hacer un inventario de los recursos tanto internos como externos.
- Formular las posibles líneas de acción, incluyendo tanto las «buenas» como las «malas», lo que da lugar a enfrentar con decisión el suicidio entre las posibles opciones.
- Comprometerse a la acción, lo cual no sólo contrarresta la parálisis que implican las crisis, sino que también neutraliza la dependencia. El compromiso a la acción incluye la revisión periódica del proceso y de las acciones acordadas, lo que permite a la consejera o al consejero confrontar con cariño y firmeza la falta de acción o estar atentos a la necesidad de referir a la persona a un personal especializado.

El modelo conductual

Karl A. Slaikeu[19] propone cinco componentes de la primera ayuda psicológica, basado en los esquema de solución de problemas individuales. De alguna manera repite los elementos del modelo A-B-C, pero los pone en forma secuencial:

---

[19] *Intervención en crisis*, p. 76-92.

Primero, hacer contacto psicológico, por medio de invitar al afectado a platicar, comunicarle interés y proporcionarle un sentido de control y calma. El objetivo principal es reducir la intensidad de la angustia.

Segundo, examinar las dimensiones del problema por medio de una serie de preguntas sobre el suceso, los recursos y las decisiones inminentes. El objetivo es establecer las necesidades inmediatas (qué va a hacer esta noche, por ejemplo) y las necesidades menos urgentes.

Tercero, examinar las soluciones posibles por medio de explorar lo que se ha hecho y lo que se puede hacer. El objetivo es identificar una o más soluciones a necesidades inmediatas y posteriores.

Cuarto, ayudar a tomar una decisión concreta evaluando primero si la mortalidad (peligro de suicidio, por ejemplo) es alta o baja. Si es alta se tomará una actitud directiva, logrando un convenio con la familia o movilizando otros recursos hasta controlar la situación. Si la mortalidad es baja se debe tomar una actitud facilitadora que incluya un convenio para continuar el proceso en un encuentro siguiente.

Quinto, dar seguimiento, es decir establecer un procedimiento que permita revisar el progreso de la intervención. Se especifica, por ejemplo, quién llamará a quién, o quién visitará a quién, como también el lugar y momento del contacto entre la persona que brinda el cuidado pastoral y las personas afectadas. El objetivo es evaluar si se han cumplido o no los propósitos de la ayuda proporcionada. Si no se han cumplido, se regresa a la etapa 2.

El Cuadro 4 proporciona una lista de lo que se debe hacer y lo que no se debe hacer, mediante este procedimiento, en los cinco momentos sugeridos.

Cuadro 4

Qué hacer y qué no hacer en la primera ayuda ofrecida

	Qué hacer	**Qué no hacer**
1. Establecer contacto	Escuchar cuidadosamente. Explorar sentimientos y hechos. Comunicar aceptación.	Juzgar o tomar partido Ignorar hechos y sentimientos Contar "su propia historia"
2. Dimensionar el problema	Formular preguntas específicas Pedir a la persona concreción Evaluar la mortalidad	Levantar preguntas de sí/no Permitir abstracciones continuas Ignorar signos de «peligro»
3. Posibles soluciones	Estimular la creatividad Abordar directamente los obstáculos Establecer prioridades	Permitir la visión reduccionista Dejar obstáculos inexplorados Tolerar una «mezcla» de necesidades
4. Acciones concretas	Tomar una medida a la vez Establecer objetivos específicos a corto plazo Confrontar cuando se requiera Ser directivo sólo cuando hay necesidad	Intentar resolver todo ahora Hacer decisiones obligatorias a largo plazo Abstenerse de tomar responsabilidad cuando es necesario
5. Dar seguimiento	Acordar un nuevo contacto Evaluar etapas de la intervención Evaluar progreso	Dejar detalles en el aire Suponer que la persona continuará con la acción acordada, por su propia cuenta Dejar la evaluación a un tercero

El modelo familiar

Los siete pasos que se resumen a continuación han sido propuesto por Frank Pittman,[20] desde una óptica interrelacional. Desde esta perspectiva se insiste en trabajar las crisis tomando muy en cuenta la red de relaciones significativas que representa su sistema familiar.

Primero, *atender la emergencia.* Una emergencia no significa necesariamente una crisis. Sin embargo, el consejero puede mostrar disposición para atender la emergencia, pero no para hacerse cargo enteramente de la situación. Si entramos en el sistema familiar mientras la crisis es fresca estaremos en mejor capacidad de prevenir el daño y de promover los cambios necesarios. Aquí necesitaremos saber si podemos ser directivos, incluso al punto de tomar, en forma temporal, ciertas funciones administrativas de la familia.

Segundo, *comprometer a la familia.* Las familias, como sistemas vivos, tienen la capacidad de «seleccionar» a uno de sus miembros (generalmente el más sensible y más leal) para sentir por toda la familia o para que sea cambiado sin que la familia sea tocada. Como consejeras y consejeros conscientes tanto de este hecho como de la capacidad que tienen las familias para expresar cuidado y solidaridad con sus miembros, involucraremos a todos en el proceso de ayuda, y en forma especial, a los miembros que tienen el poder para sancionar, entorpecer o facilitar el cambio, y a los que tienen los recursos emocionales y materiales para proporcionar ayuda.

Tercero, *definir el problema* (tipo de tensión y crisis). Las tensiones, como elementos desencadenantes de una crisis, pueden ser internas o externas a la familia, manifiestas u ocultas, aisladas o habituales, permanentes o temporarias, reales o imaginarias, universales o especificas. Cabe señalar que las tensiones son, en gran parte, específicas a cada sistema familiar. Aunque hay eventos universalmente devastadores, su capacidad de provocar una crisis dependerá de los valores y expectativas de la fami-

---

[20] Frank S. Pittman, *Momentos decisivos,* pp.55-67.

lia y de la naturaleza de las relaciones entre sus integrantes. En algunas familias la Navidad puede precipitar una crisis, mientras que la cárcel o un embarazo no deseado son sucesos «normales». Si la tensión es externa y manifiesta--como por ejemplo, que la casa es destruida por un incendio--la familia se une, la comunidad presta ayuda y la crisis tiende a resolverse para bien. Si la tensión es oculta y responde a fuerzas intrínsecas en la familia (una infidelidad amorosa[21] o una bancarrota) nadie se entera, nadie puede ayudar y la crisis se resuelve generalmente para mal, dejando a la familia con un equilibrio disfuncional y el potencial para nuevas crisis.

Las personas y familias en crisis circunstanciales y de desarrollo pueden ser ayudadas con mayor eficacia. Las crisis estructurales parecen ser las más dificiles y complicadas porque brotan de dinámicas intrínsecas a la familia (aunque quienes sufren aseguren que son causas externas las culpables). Si preguntamos «¿ha sucedido esto antes?» y «¿por qué ahora resulta en una crisis?» podemos descubrir que se trata de una crisis estructural para la cual seguramente se necesite de ayuda profesional.

Cuarto, *ofrecer una orientación general.* Tan pronto como la crisis se ha definido, deben hacerse esfuerzos para calmar los ánimos y buscar hacer algo sensato como familia. Por ejemplo, se podría asignar una tarea general a toda la familia que les permita unir los esfuerzos para darse apoyo, procesar el dolor, reflexionar sobre la situación y explorar las alternativas posibles. La oración que se encuentra colgando en las paredes de muchos hogares puede ser muy apropiada en este momento: «Señor ayúdanos a cambiar las cosas que sí podemos cambiar, a aceptar las cosas que no podemos cambiar, y a discernir la diferencia.»

Quinto, *ofrecer orientaciones específicas.* Aquí podemos hacer un resumen de lo que ha sucedido. Esto debe hacerse con un esfuerzo determinado a no culpar a nadie y con la convicción in-

---

[21] Ver Frank S. Pittman, «Crisis Familiares Previsibles e Imprevisibles» en *Transiciones de la Familia,* Celia J. Falicor, Compiladora (Buenos Aires: Amorrortu editores, 1991) pp. 357-38O, en donde ilustra, con un caso de infidelidad, los cuatro tipos de crisis.

quebrantable que cada uno quiere hacer lo mejor y lo más sensato, y que es capaz de hacerlo. Podemos también esbozar los cambios que efectuaría la mayoría de la gente sensata ante esta situación. Podríamos, asimismo, asignar tareas. Las orientaciones específicas pueden ser simples y directas: «Pare de beber. Si usted no es un alcohólico eso le será fácil; si usted es alcohólico, *Alcohólicos Anónimos* le pueden ayudar.» «Termine con esa relación extramatrimonial. Usted puede usar este teléfono. Si tiene mucha vergüenza yo lo puedo hacer por usted.» «No se quite la vida hoy; encontraremos una solución mañana.» «Quédese esta noche en casa, la familia necesita estar junta.» A los otros miembros de la familia se les puede dar la simple tarea de hablar o no hablar sobre el asunto. Encontrar tareas específicas e independientes para cada miembro de la familia ayuda a que ninguno ponga al otro como pretexto para su incumplimiento. Es importante poner énfasis en la continuación de la familia por encima de las preocupaciones individuales.

Sexto, *negociar las resistencias.* Las crisis circunstanciales de desvalimiento y las de desarrollo generalmente no ofrecen mucha resistencia; no así las crisis estructurales. Con estas últimas es siempre recomendable considerar referirlos a otro profesional, de preferencia un terapeuta familiar.

Séptimo, *terminar.* Haya cambio o no, las crisis terminan en unas cuantas semanas. Debemos sin embargo, definir con la familia que nuestro acompañamiento ha terminado, pero que la puerta permanecerá siempre abierta cuando necesiten nuestros servicios.

Este proceso de intervención en crisis a partir de una emergencia se centra en los pasos 3, 5 y 6. Si únicamente utilizamos los pasos 1, 2 y 4, podemos generar sólo una dependencia antes que un cambio. «El éxito de una intervención en crisis depende de una definición clara del problema y de lo que hacen las personas sensatas para resolverlo, seguida de medidas tendientes a posibilitar el cambio sin sacrificar el carácter único de la familia.»[22]

CONCLUSIÓN

En este capítulo hemos tratado la intervención pastoral en situaciones de crisis de familia como parte del ministerio de acompañamiento y consolación que el pueblo de Dios está llamado a brindar a la comunidad. Nuestra perspectiva *salutógena*--o sea, enfocando en la salud--y *pastoral* reconoce a la iglesia toda como potencialmente dispuesta a ministrar de diversas formas a las personas y familias que enfrentan crisis de todo tipo. En la primera parte del ensayo caracterizamos a la situación de crisis como tal y a los principales tipos de crisis familiares (circunstanciales, de desarrollo, estructurales y de desvalimiento). En la segunda parte consideramos modelos de intervención de especial interés para quienes ejercemos en calidad de consejeros, asesores y facilitadores. Hemos destacado así varios aspectos teóricos y prácticos que caracterizan a las intervenciones oportunas, eficaces, y dignas mediadoras de la obra sostenedora y transformadora de la gracia divina.

---

[22] Pittman, «Crisis Familiares Previsibles e Imprevisibles», p. 375.

7
LA IGLESIA ANTE LA VIOLENCIA DOMÉSTICA

por Jorge J. Taylor

INTRODUCCIÓN

Hoy día es difícil leer un periódico o una revista familiar donde no se hable de la violencia doméstica. Se hace referencia a la violencia doméstica en las escuelas, los hospitales, y en los juzgados. Posiblemente el único lugar donde no se considera ni se trata adecuadamente el tema de la violencia doméstica es en la iglesia. La iglesia es una de las instituciones llamada a condenar la violencia doméstica y a señalar qué se puede hacer para corregir este mal.

En este capítulo nos proponemos lo siguiente: señalar algunas de las estadísticas que indican la seriedad de la violencia doméstica, mostrar los distintos aspectos de la violencia doméstica, discutir su etiología, y considerar algunas de las soluciones que la iglesia puede adoptar. Este ensayo no se limita a la violencia doméstica marital, sino también a la violencia doméstica contra los niños, entre hermanos y aún la violencia doméstica en contra de los ancianos.

Durante el año 1995 varios acontecimientos en los Estados Unidos llamaron la atención en forma poderosa en relación al mal y a la frecuencia de la violencia doméstica. Uno de ellos fue el juicio del famoso ex-deportista O.J. Simpson por el asesinato de su ex-esposa, Nicole Brown Simpson, y el joven Ronald Goldman. Otro incidente que llamó la atención fue el crimen que cometió Susan Smith contra sus dos hijitos, Michael de 3 años y su hermano Alexander de 14 meses. Al principio ella dijo que alguien le había robado el carro con los dos niños. Días después confesó que ella los había matado. Francamente estos dos incidentes son la punta de un témpano de hielo.

En los Estados Unidos se conoce más acerca de la violencia doméstica porque los noticieros son muy sensacionalistas y se publica mucho acerca de estos acontecimientos. Pero no se trata de un mal sólo en los Estados Unidos sino en muchos países del mundo. En su libro *Violencia en la familia*, los autores Grosman, Masterman y Adamo, presentan un panorama mundial del estado de la violencia doméstica. El libro fue escrito en el año 1989, pero creemos que hoy la situación es la misma o peor en muchos de estos países.[1]

ESTADÍSTICAS: SERIEDAD Y FRECUENCIA DE ESTE MAL

En Escocia, en un estudio realizado nace unos años se usó como fuente de información los datos de acusaciones registrados en todos los distritos de Edimburgo y Glasgow. La violencia física y su amenaza representaron el 11.1% de todas las ofensas informadas a la policía. El 4.8% consistió en casos de agresiones en el seno de la familia. Dentro de este último el 47.3% de los casos la víctima fue una mujer.

En Inglaterra, se calcula que de 20,000 a 50,000 mujeres son golpeadas cada año. Otros autores estimaron la incidencia del maltrato contra mujeres en una localidad de Gran Bretaña y concluyeron que uno de cada cien a doscientas mujeres son físicamente abusadas por su cónyuge o compañero. Otra estadística afirma que el 30% de todos los homicidios tuvo lugar en el marco de disputas domésticas.

En Canadá, se ha estimado que una mujer casada o concubina de cada diez es golpeada por su marido o compañero.

En España, según datos suministrados por el Ministerio del Interior, el promedio de denuncias presentadas por mujeres agredidas alcanza a 1,300 casos mensuales. Por su parte, la policía de Hamburgo ha registrado de 10 a 12 casos diarios de

[1] Las estadísticas que presentaremos a continuación han sido tomadas de C. P. Grosman, S. Mesterman, y M.T. Adamo, *Violencia en la familia: La relación de la pareja* (Buenos Aires: Editorial Universidad, 1989), passim.

violencia doméstica, con mayor frecuencia los fines de semana y los días feriados.

En la República Federal Alemana se entrevistó a 332 mujeres casadas entre las edades de 18 a 70 años. El 18% declaró que fueron forzadas a tener relaciones sexuales con su marido en contra de su voluntad. En Australia, el 13% de 13,000 encuestadas dijo que habían sido violadas por su marido. En los Estados Unidos se estima que el número de mujeres golpeadas supera los 15 millones anualmente. En un estudio que se hizo, el 55% de los hombres admitió que había castigado a su esposa al menos una vez, y el 25% que la había maltratado varias veces al año.

Violencia contra la mujer

Se calcula que entre un tercio (33%) y la mitad de todas las mujeres asesinadas, el crimen fue cometido por el esposo, el novio o el amante, comparado con 4% de hombres que fueron asesinados por esposas, novias o amantes.

- Se puede estimar que la mitad de todas las mujeres experimentarán algún tipo de violencia o maltrato de parte de sus esposos durante su vida matrimonial.
- Entre 22% a 35% de todas las mujeres que acuden a una sala de emergencia, lo hacen debido a heridas ocasionadas por varias formas de violencia doméstica.
- En 1991, 4 millones de mujeres fueron golpeadas por sus cónyuges en los Estados Unidos; y 1,320 mujeres fueron asesinadas en situaciones de violencia doméstica.

A continuación ofrecemos una lista de señales de peligro que una mujer puede usar para determinar si se encuentra en una relación abusiva.[2]

- Si tiene miedo de dar su una opinión diferente a la de su pareja.

---

[2] Adaptado de *Cómo sobrevivir la violencia doméstica: Una guía para capacitar a mujeres maltratadas,* documento preparado por La Comisión de Los Ángeles Contra los Asaltos a las Mujeres, 1992.

- Si el marido o el amante es sumamente celoso y la acusa injustamente de tener relaciones sexuales con otros hombres.
- Si la somete a actos sexuales humillantes. Si la ha violado.
- Si la amenaza con suicidarse si lo deja.
- Si siempre trata de complacer al marido para que este no se enoje.
- Si el marido o el amante le quita el dinero que gana y le prohibe tener amistades.
- Si maltrata a sus hijos o a sus mascotas para herirla.
- Si le pega cuando está embarazada.
- Si tiene que disculparse con la gente por la forma en que su esposo la trata.
- Si él se burla de sus creencias religiosas, de su familia, o de sus ideas. Si la crítica o la insulta constantemente.
- Si él acostumbra pegarle a solas o enfrente de sus hijos. Si le deja moretones, la hace sangrar o le ha quebrado sus huesos.
- Si se siente sola o aislada.

Abuso con los hijos (niños)

- **Abuso físico**

Las formas del abuso físico contras niñas y niños incluyen ronchas, magulladuras; contusiones, laceraciones, abrasiones; fracturas de huesos y fracturas de cráneo en particular; quemaduras y heridas, cortaduras y pinchazos. Además es muy fuerte el abandono y la negligencia con que suele tratárseles.

- **Abuso emocional**

Se trata de situaciones en que se ridiculiza a los niños, y se les hace sentir vergüenza, culpa y temor.

- **Abuso sexual**

En esta categoría se incluye el incesto, la prostitución y la pornografía.

Hemos aludido sólo a algunas estadísticas pero éstas nos sugieren que el mal es mundial, que se encuentra en todo nivel de las sociedades y que es algo que necesita atención inmediata de parte de la iglesia.

Definición de violencia doméstica

La violencia ha sido definida como una intervención o un acto empleado con el fin de hacer daño o de humillar a otra persona. La violencia es la intención de una persona de usar la fuerza física y/o verbal para manifestar el deseo de poner fin a un conflicto. La violencia está presente dentro de la relación de dominio de un individuo hacia otro, empleando medios sutiles y/o evidentes para conseguir la apatía y anulación del otro. La violencia es el abuso de la autoridad y de la fuerza que algunas personas tienen en la familia. Debemos reiterar que no siempre se usa la fuerza física; también puede tratarse de la manipulación verbal o emocional. Este abuso puede darse entre esposos, entre padres e hijos y entre familiares dentro del mismo hogar.

CLASES DE ABUSOS[3]

El abuso físico

Posiblemente la violencia doméstica más conocida es el abuso o violencia física. El abuso físico incluye pegar, quemar, pellizcar, halar el cabello, escupir, morder, golpear, quebrar los huesos y aún el cráneo.

1. Abuso físico entre hermanos: Algunos ejemplos bíblicos de la violencia física. En Génesis 4:1-8 tenemos el primer incidente de violencia física en el hogar en el caso de Caín contra Abel. El fratricidio nos demuestra la causa de envidia acerca de cosas espirituales, quedar bien con Dios. Eran sólo dos hermanos y sin embargo tan fuerte fue la envidia que Caín mató a su propio hermano.

Otro ejemplo bíblico del abuso físico y también relacionado con deseos o inquietudes espirituales es el caso de

---

[3] En esta sección, la fuente bibliográfica de mayor ayuda fue el libro de Melinda A. Miller, *Family Violence: The Compasionate Church Responds* (Scottdale, PA: Herald Press, 1994).

Jefté y el sacrificio de su hija. El relato se encuentra en el libro de Jueces 11: 29-40. Es sumamente difícil comprender las razones de Jefté. En Levítico 18: 21;20 2-5 Dios condena los sacrificios de los hijos; no era algo que Dios pedía de las personas. Notemos que en el bien conocido caso de Abraham, Dios le pide que sacrifique a su único hijo Isaac pero al final Dios no le permite que lleve a cabo este sacrificio.

Ciclo de violencia doméstica

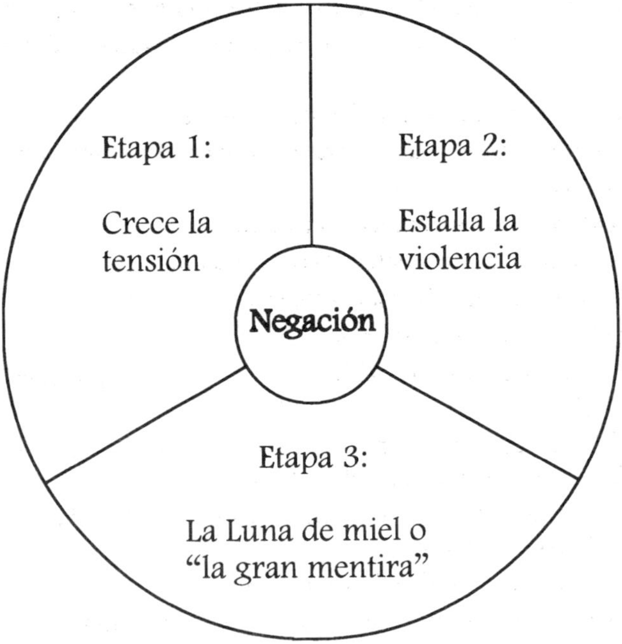

2. Abuso físico contra esposas: Recordamos el caso de la esposa de un pastor que lo acusó de golpearla y el pastor dijo que «solamente la había empujado levemente». A veces es difícil reconocer el impacto de la violencia física. En cierta ocasión otro pastor salió de la iglesia un domingo por la mañana donde dirigió el culto a las 11:00 A.M. y a la 1:00 P. M. nos llamaba desde el cuartel de la policía donde estaba detenido por haber golpeado a la esposa.

Se ha determinado clínicamente que podemos identificar un «ciclo de violencia» en las relaciones abusivas contra las esposas. Las tres etapas documentadas en la atención médica y psicológica de mujeres maltratadas son: crecimiento de la tensión, estallido de violencia, y fase de «luna de miel» con aparente cambio de actitud y conducta por parte del agresor (incluyendo remordimiento, promesas de cambio, y afecto sobre-compensatorio). La pregunta sobre por qué a las mujeres maltratadas les resulta tan difícil romper con la relación violenta puede contestarse con una lista de posibles causas, tales como éstas:[4]

- Tienen un concepto negativo de sí mismas.
- Creen que sus maridos se van a corregir (de la «enfermedad» que tienen)
- Tienen una situación económica difícil.
- Tienen hijos que necesitan el soporte económico de un padre.
- Dudan de poder salir adelante solas.
- Creen que el divorcio estigmatiza.
- Piensan que es difícil para una mujer con hijos conseguir trabajo.
- La mujer golpeada «ama» al hombre y siente que no va a poder sobrevivir emocionalmente sin él.
- Tiene miedo de que él la mate, lastime a los niños, a sus familiares o a él mismo.
- No tiene apoyo de familiares y amigos.

3. Abuso físico contra los hijos: Este año, como en años anteriores, muchas madres han matado a sus hijos, y muchos padres han matado a sus hijos. A veces niños de meses, otras veces niños de pocos años A menudo el castigo físico ha sido tan severo que la criatura queda muerta.

---

[4] Adaptado de Grossmann, Mesterman y Adamo, *Violencia en la familia* (Editorial Universidad, 1989), pp. 74-75.

4. Abuso físico contra los padres: Al tiempo de escribir este ensayo, en el estado de California se está juzgando a dos hermanos, los hermanos Meléndez. Están acusados de matar a sus padres para poder disponer del dinero. Los hijos alegan que tuvieron que matar a sus padres porque ellos les castigaban y que uno de los hermano fue incluso seducido sexualmente por su padre. Otros hijos también han alegado que fueron víctimas de mucho abuso físico y ellos tuvieron que matar a sus padres

5. Abuso físico contra los abuelos: Hay nietos que maltratan a sus abuelos, le quitan el dinero, o no los alimentan bien; muchas veces los dejan abandonados en un rincón o cuarto de la casa.

El abuso sexual

El abuso sexual se manifiesta en varias maneras. A veces es por medio del incesto. Se dice que 1 de cada 8 mujeres en los Estados Unidos es víctima de algún tipo de incesto. También el abuso sexual puede manifestarse de maneras diversas: mediante una conducta sexual inapropiada, exigiendo el sexo anal, u oral, besando en cierta forma, tocando a la persona en un lugar o en forma inaceptable, y otras por el estilo. Las víctimas de abuso sexual pueden ser esposas, esposos, niños, familiares, y de vez en cuando hombres.

Poco tiempo atrás una señora llamo a su consejero pastoral preguntándole qué debería hacer en la siguiente situación: su esposo había tocado a su hija (que es hijastra de su esposo) en una forma y en un lugar inapropiado. Afortunadamente esta madre le creyó a su hija y confrontó oportuna y debidamente a su esposo. En muchos casos, sin embargo, la madre no le cree a su hija y esta niñita pasa muchos años de su niñez y adolescencia con ese trauma sin tener a quién contárselo.

Dos ejemplos bíblicos resultan ser ilustraciones dramáticas. En II Samuel 13 tenemos el caso de abuso sexual de Amnón contra Tamar, su medio hermana. Este caso revela lo que ocurre en casos de incesto. Es un miembro de la familia, casi siempre es algo premeditado, y la víctima no tiene cómo defenderse. Otro ejemplo de abuso sexual es el episodio que se encuentra en II Samuel 11, el abuso de David contra Betsabé. También notamos que se trataba de una mujer indefensa, llamada por el Rey de Israel; ella no podía hacer otra cosa que ceder y someterse. Aunque ella no era miembro de la familia, el hecho ocurrió en la casa de David y luego de la muerte de su marido (en la cual también estuvo implicado el rey, según el texto) Betsabé se convirtió en una de las esposas del rey.

El abuso emocional

El abuso emocional puede definirse como un ataque contra la vida emocional o estado mental de la persona; esto puede ser mediante humillaciones, insultos, burla, amenazas, ataque contra la autoestima y manipulando el sentido de realidad de la persona.[5] Es difícil separar el abuso emocional del abuso sexual o físico porque durante esos abusos también se maltrata la autoestima y el sentimiento de la integridad del ego. En algunas ocasiones puede haber un abuso emocional separado del abuso físico y sexual, pero siempre que hay un abuso sexual o físico se afecta la vida emocional de la persona.

Es significativa la cantidad de niños que son víctimas de abuso emocional de parte de sus padres. Oímos con mucha frecuencia como un padre o madre le grita a sus hijos, «eres un tonto» o «como puedes ser tan bruta», «¿qué te pasa?, ¿por qué eres tan lerdo?, ¿por qué no puedes ser como tu hermano o hermana»?. El abuso emocional, ya sea solo o parte del abuso físico o sexual, produce daños que son muy difíciles de sanar.

El abuso espiritual

El abuso espiritual puede definirse como un ataque contra la vida espiritual de la persona. Puede infligirse de diversas formas: por ejemplo, mediante manipulaciones, donde se prometen favores espirituales que no se pueden cumplir; jugando con las aspiraciones o anhelos espirituales de las personas; o

---

[5] Ibid.

privando a esta persona de sus derechos espirituales. También hay abuso espiritual cuando se burla de la experiencia religiosa de la persona. Hay casos donde no se le permite a la esposa o al hijo ir a la iglesia. Otras veces se les obliga a participar en determinados rituales y otras actividades que también implican violencia espiritual

El abuso social

Hablamos del abuso social que ocurre cuando a la persona se le restringe toda actividad social; cuando está «presa en su propio hogar». La persona no puede tener amistades si el cónyuge no le permite; también puede ser el caso de niños a quiénes no se le permite jugar con otros niños, ni tener amistades.

ETIOLOGÍA DE LA VIOLENCIA DOMÉSTICA

Sociólogos, psicólogos teólogos y educadores han tratado de contestar la pregunta sobre el por qué de la violencia doméstica. En el caso de matrimonios donde se han prometido amar y ayudarse mutuamente, ¿cómo se explica que después una persona maltrata tanto a su cónyuge? Lo que es más difícil de contestar es cómo una madre puede matar a sus hijos, o cómo un padre puede abusar de su hija. Diversas investigaciones nos permiten señalar tres grandes grupos de causas, como se describe a continuación.

Causas de origen psiquiátrico

Dentro de las causas psiquiátricas se incluyen factores tales como la personalidad del agresor, el alcoholismo, la drogadicción y las enfermedades psíquicas. Los que aceptan las causas de origen psiquiátrico enseñan que la persona que maltrata a su esposa, o los padres que maltratan a sus hijos, están enfermos mentalmente y están demostrando una conducta patológica. Esta teoría puede contribuir a explicar algunos de los casos, pero no todos. Es conocido que muchas mujeres sufren una depresión después del parto. Algunas madres que sufren de esta depresión no soportan oír al niño llorar y en su desesperación maltratan y aún pueden llegar a matar a sus hijos. También se conoce de hombres que sólo cuando están bajo la influencia del alcohol o la droga maltratan a sus esposas.

Causas de origen psico-social

Puede ser que la agresión ocurra después de una interacción entre los dos cónyuges. Por ejemplo, cuando hay un conflicto porque se le habló mal o porque se le ignoró y se tiende a resolver mediante la agresión. Dentro de las causas de origen psico-social se explica que el agresor o la agresora sufrió mucho abuso o violencia como niño o como adolescente y aprendió que la forma de responder cuando está enojado es mediante la violencia. Se ha dicho que cerca del 95% de las personas que están encarceladas fueron abusadas físicamente cuando eran niños.

Causas de origen social-cultural

Según esta teoría, la violencia es consecuencia directa o indirecta de la estructura de la sociedad global. En otras palabras la violencia doméstica se percibe en función de la violencia presente en las estructuras sociales incluyendo, claro está, sus dimensiones culturales, económicas, políticas, militares, etc. y fomentadas por ellas.

La pecaminosidad de la persona

Podemos añadir una cuarta categoría de inspiración bíblico-teológica. Esta teoría no está diciendo que las personas que no están convertidas a Cristo son los que tratan violentamente a otras personas; lo que sí postula es que las personas pueden ser dominadas por el pecado de tal manera que pierden el control de sí mismas y, en un conflicto u otra situación dada, tienden a agredir o abusar de las otras personas.

Estereotipos que contribuyen a la violencia en el hogar

Estereotipos masculinos

1. Los hombres son:

- independientes
- libres
- fuertes
- inteligentes
- valientes
- objetivos
- racionales
- activos
- individualistas
- duros
- feos
- libres sexualmente
- libres para el placer

2. El hombre se «hace a sí mismo».

3. El hombre es «el que trabaja», «el que provee económicamente a la familia».

4. El hombre es «la máxima autoridad en el hogar».

5. El hombre es «el juez en última instancia» de todo lo que ocurre en la familia.

6. El hombre es «el guardián de los valores de la familia».

7. El hombre es «el encargado de disciplinar y castigar».

Estereotipos femeninos

1. Las mujeres son:

- dependientes
- relativas «a»
- débiles
- no inteligentes
- temerosas
- subjetivas
- emocionales
- pasivas
- altruístas
- tiernas
- símbolo de la belleza
- sexualmente reprimidas
- reprimidas para el placer

2. La «naturaleza» hace a la mujer.

3. La mujer es la aliada del hombre, en tanto «encargada de las responsabilidades domésticas y la crianza de los hijos».

4. La autoridad de la mujer, para tener peso, debe estar «legitimada» por el hombre.

5. La mujer/madre es incondicional a los hijos y el esposo.

6. La mujer es la responsable de la circulación de afectos en la familia.

7. La mujer es la «dueña» del hogar.

¿Quiénes son las víctimas?

La lista es larga. Son las esposas, son los esposos, son los niños, son los ancianos. Claro que no hay comparación entre la cantidad de esposas que son víctimas en relación a la cantidad de esposos que son abusados fisicamente. Se calcula que la mitad de las esposas (50%) son víctimas de alguna forma de abuso, mientras que entre los esposos sólo es un 5% aproximadamente.

Los niños son víctimas del abuso físico. Cuando vivíamos en San José, Costa Rica y nos traían casos de niños golpeados por sus padres, los enviábamos al Hospital de Niños donde se podía ver a muchos niños maltratados por sus padres. Estos padres eran médicos, albañiles, abogados, dentistas y aún pastores.

Los ancianos son víctimas de abuso físico. A muchos ancianos se les pega, se les maltrata, se les grita, y se les quita sus pertenencias. Y mucho de esto es hecho por sus propios hijos o familiares.

¿Quiénes son los agresores?

Puede ser una madre o un padre; puede ser un hermano o una hermana; puede ser un tío o una tía. Como se dijo anteriormente, es difícil comprender como un ser «querido» pueda cometer estos actos. Los abusadores tienen algunas cosas en común. Se piensa que dentro de todo abusador hay una persona herida, una persona que ha sufrido y no ha encontrado cómo curar esa herida, una persona que ha sido abusada y no ha encontrado cómo superar su propio problema. En un artículo titulado *Cuando los padres matan*, publicado en el periódico Los Ángeles Times, el 20 de septiembre de 1995, aparece la cita siguiente: «hay dos clases de padres que matan a sus hijos. El padre que está tan involucrado emocionalmente con su familia que no puede distinguir entre su persona y la de su familia, es una relación patológica. El otro padre es aquel que es dominante y quiere controlar a su familia hasta en los detalles más mínimos y cuando piensa que está perdiendo control, opta por matar a sus hijos y cónyuge».

¿QUÉ PUEDE HACER LA IGLESIA?

Una solución efectiva al problema de la violencia doméstica tiene que venir de varias fuentes como el hogar, la sociedad, la escuela y la iglesia. Siendo que nuestro tema es el de la iglesia ante la violencia doméstica, consideremos las siguientes acciones concretas que esperamos se realicen en toda comunidad de fe.

La iglesia debe educar a los fieles

Es necesario educar a la congregación sobre las causas y consecuencias de la violencia doméstica. Es posible asistir a una iglesia evangélica por todo un año y nunca oír desde el púlpito cómo enfrentar la violencia doméstica. Muchos líderes piensan que esto no existe en el hogar cristiano. Esta creencia es falsa. Hay líderes, pastores y diáconos que forman parte de los agresores en el cuadro de la violencia doméstica. Hay mucho material bíblico que el pastor puede usar para mostrar las causas y las consecuencias de la violencia doméstica. En la preparación de este ensayo encontramos más de 150 referencias bíblicas a la violencia doméstica. De modo que el pastor que no enseña sobre el tema, no es por falta de base bíblica; puede ser por desconocimiento de los pasajes, pero hay un amplio recurso en la Biblia.

La iglesia debe enseñar a los fieles como enfrentar en forma saludable las situaciones de conflicto. Gran parte de la violencia doméstica ocurre en medio de un conflicto y porque las personas no saben como lidiar sanamente con tal situación. Muchas personas ante un conflicto se ofuscan y pierden su capacidad de razonar sanamente.

La iglesia debe enseñar, desde una perspectiva bíblica, los privilegios y responsabilidades de ser padre y madre hoy en día. Una pregunta que oímos frecuentemente es ¿qué significa ser un padre hoy?. Hay matrimonios jóvenes donde los padres tienen 15, 16, 18 años y no han sido enseñados acerca de sus responsabilidades; además, muchos han tenido una imagen negativa en sus hogares y no han recibido enseñanzas alternativas.

Un tema especial que se debe enseñar es el de la *autoridad paternal*. ¿Cuándo la autoridad paternal se convierte en una dictadura, o cuándo se convierte en abuso?. Muchos padres no saben cómo distinguir entre el abuso físico y el castigo; por esta razón hay que enseñarles la diferencia.

Cuando se dice que la iglesia debe enseñar no se está pensando sólo en el púlpito o que el pastor va a dar toda la enseñanza. Se puede formar grupos pequeños para discutir estos temas, y se puede invitar a profesionales expertos en el tema. El pastor no tiene que hacer todo, pero si puede buscar recursos que ayudarán a la congregación.

La iglesia debe abrir sus puertas a las víctimas de violencia doméstica

Con la expresión «abrir sus puertas» nos referimos a recibir estas personas y crear un ambiente donde las víctimas se pueden sentir libres para expresar su dolor y experimentar sanidad.

La violencia deja huellas muy profundas. Algunas personas no han podido orientar su vida después del trauma de la violencia. Muchas víctimas han estado buscando un lugar «seguro» donde puedan ser aceptadas y respetadas, un lugar donde no se a sentirán responsables o corresponsables de su dolor. En algunas partes las víctimas han formado un grupo de apoyo entre sí y esto puede ser muy terapéutico.

La iglesia debe extender sus servicios a los abusadores

Esta es una acción que requiere mucho amor, misericordia y sabiduría. Lo más fácil es juzgar y condenar a los abusadores; pero ellos también necesitan ayuda. Muchos están atrapados con sus problemas y con su sentimiento de culpabilidad. Por lo general se trata de personas con una autoestima baja, personas inseguras. La iglesia puede hacer mucho para restaurarlos, primeramente a su hogar y luego a la iglesia.

La iglesia debe informar a sus miembros sobre los recursos legales, sociales y psicológicos que están al servicio de las víctimas de violencia doméstica.

Tales recursos pueden ser de varios tipos (como por ejemplo, gubernamentales, privados, etc.). Es importante mantener la información al día y las líneas de comunicación y colaboración siempre accesibles.

La iglesia debe presentar el modelo bíblico de las relaciones maritales y familiares

Pasajes como Efesios 5:18-6:4 y Colosenses 3:12-21 resultan indispensables. En estos textos Pablo recomienda que la Palabra de Dios reine en la vida de la nueva criatura y, como consecuencia de esto, se transformarán las relaciones: las esposas estarán sujetas a sus esposos, éstos a su vez amarán a sus esposas como Dios amó a la iglesia; los hijos obedecerán a sus padres y madres, y ellos y ellas no provocarán a sus hijos.

CONCLUSIÓN

La violencia doméstica ha existido a través de los siglos. Varias instituciones han tratado de erradicar este mal y no han podido lograrlo. Durante nuestro tiempo, la violencia doméstica se manifiesta con mucho poder, destruyendo vidas y familias. Por lo tanto, la iglesia, en el poder del Espíritu Santo tiene una oportunidad única de luchar contra semejante mal.

Debemos instar a todas nuestras iglesias evangélicas a unirse contra la violencia doméstica. Es tiempo de reconocer y utilizar recursos de todo tipo y luchar contra la violencia doméstica en todas sus dimensiones y manifestaciones.

Debemos hacer un gran esfuerzo para restaurar a las víctimas y sanar a los agresores. Necesitamos solidarizarnos y afirmar el propósito definido de enseñar, orientar, prevenir y curar en nuestros hogares, nuestras comunidades de fe y nuestras sociedades.

8
EL FENOMENO DE LA DEPRESIÓN

por Pablo Polischuk

INTRODUCCIÓN

El fenómeno de la depresión es complejo y se define a varios niveles, partiendo de las diversas premisas recalcadas por las escuelas de pensamiento psicológico con referencia a su origen o causa, a sus síntomas, al desarrollo del problema, o a los acercamientos terapéuticos hacia el fenómeno en cuestión. A simple vista, la depresión es considerada como una categoría general en el sentido común y corriente, experiencial y fenomenológico, pero es necesario asesorar las particularidades de cada caso para discernir la diversidad de clases y condiciones depresivas agrupadas bajo la misma rúbrica y poder atender adecuadamente a las personas que sufren de las mismas.

La percepción pastoral y el entendimiento del fenómeno de la depresión desde tal punto de vista pueden ser asesorados al considerar los escritos realizados sobre la materia. Las siguientes observaciones son presentadas: La información muchas veces ha sido inadecuada o impresionista. Las atribuciones etiológicas a veces han sido equivocadas, atribuyendo causas erróneas al fenómeno. El entendimiento general, estereotipado de los síntomas y los juicios o pronunciamientos hechos, a veces han afligido más que consolado a las personas depresivas. Los temores infundados acerca de ciertos acercamientos tales como la farmacoterapia han sido contrarrestados con remedios simplistas, parcializados, inoperativos o agravantes de la condición. En cierta forma, se ha «cantado al corazón del afligido», cosa que se compara a echar vinagre sobre las heridas o quitar la ropa en tiempos de frío.

No se pretende demandar del consejero pastoral un conocimiento completo de psicología clínica, de psiquiatría, de farmacología, o de medicina, sino que se espera una actitud de aprendizaje, apertura y amplitud en cuanto a considerar la depresión como fenómeno complejo, con atención a los factores espirituales, emocionales, cognoscitivos. conductivos y sociales que se agregan para producir el fenómeno. Este capítulo trata descriptivamente con la depresión, con menciones breves acerca de los tratamientos más utilizados en la actualidad.

DEFINICIONES

Las definiciones fenomenológicas pastorales y de la iglesia, registradas en la historia y en la actualidad, dejan ver ciertos rótulos o etiquetados del fenómeno. En los cuatro primeros siglos de la iglesia, las alusiones a la depresión eran definidas con términos tales como «tristitia», «accidia», «asedia» y «desperatio» en Latín, considerando la depresión como un letargo espiritual, un desgano hacia las cosas de Dios, u holgazanería espiritual. Casiano (360-435) registró los ocho pecados mortales, entre los cuales figuraba la holgazanería y el letargo espiritual: glotonería, fornicación, codicia, ira, desprecio, vanagloria, orgullo y accidia (depresión). Gregorio el Grande (540-604) redujo la lista a siete, pero consideró a la accidia como la raíz de los males enunciados. Los monjes alejandrinos consideraron el letargo, la melancolía y la depresión experimentada en el claustro, en medio del desierto egipcio como «el demonio del mediodía». Tal concepto fue derivado de la interpretación errónea del Salmo 91, aludiendo a la noción de ser atacados por la destrucción satánica(que destruye en el medio del día) al pretender ser santos, orar y ayunar, buscar a Dios. En la edad media, la «falta de fe» ha sido asignada como causa para la falta de brío, de poder, de gozo y de placer espiritual. La carencia de vida victoriosa, la frialdad, el ser apagados y sin fervor y otras manifestaciones paralelas a los síntomas de la depresión obligaron a apelar a ciertas soluciones desde el punto de vista pastoral, tales como el empujar y exhortar al trabajo, a las obras buenas, o al exorcismo, echando fuera el demonio del mediodía, para luego encomiar hacia la fe, la lectura de la palabra, las oraciones y el cantar de himnos. Muchas de las avenidas utilizadas tienen un tinte cognoscitivo, conductivo y social, y como tales han servido pragmáticamente en ayudar a los afligidos. Otras avenidas bien intencionadas produjeron mas culpabilidad y mas depresión, dando lugar al dicho «es peor el remedio que la enfermedad». Luego del siglo XV la iglesia decae en su poderío, y con todas las definiciones eclesiásticas, se notan cambios en las explicaciones de la conducta humana. La terminología cambió, y lo que antes se denominó «pereza espiritual», llegó a ser etiquetado como «melancolía» o depresión. Luego, con el correr del tiempo, se «medicalizó» aún más el término, al punto de tener un conjunto de definiciones mezcladas, dando lugar a muchos factores subyacentes al fenómeno.

En la actualidad, considerando los diferentes niveles de observación y de definición, podemos agrupar ciertas categorías, consideradas como vistas parciales que en conjunto pueden arrojar una mejor perspectiva. En sus escritos, Akiskal y McKinney, White y Hart[1] agruparon todas las escuelas de pensamiento acerca de la depresión en categorías discretas, lo cual sirve de punto de partida para nuestras consideraciones, adaptadas y vertidas en los siguientes niveles de definición.

Nivel psicoanalítico

Históricamente hablando, las primeras definiciones psicológicas de la depresión partieron de las consideraciones de Freud y de Abraham, quienes consideraron la melancolía como la ira introyectada y vertida en contra de la persona misma. La persona se vuelve autocastigadora, masoquista, introyectando sus energías negativas y considerándose un objeto de autodestrucción en forma mórbida. La persona depresiva siendo analizada, comúnmente da a entender asuntos de su pasado que aparecen

---

1. H. S., Akiskal y W. T. McKinney, «Overview of Recent Research in Depression: Integration of Ten Conceptual Models into a Comprehensive Clinical Frame» *Archives,* 32 (1975):285-305. J. White, *The Masks of Melancholy* (Downers Grove, IL: Intervarsity Press, 1982); A. Hart, *Counseling the Depressed*, en Gary Collins (Ed.), *Christian Resources for Counseling,* vol. 5 (Dallas: Word Publishing, 1987).

como relacionados a las experiencias tempranas emocionales asociadas a la pérdida de objetos de amor, a la pérdida de estimación propia debido a de sentirse separado y necesitado de atención por parte de personas que supuestamente deberían haber brindado amor, pertenencia, cuidado, protección, satisfacción de necesidades básicas y socialización adecuada.[2] El desarrollo del sentido de pertenencia inadecuada acoplado a la noción subjetiva de desamparo ante un mundo demandante, se asocian con la ansiedad de separación de los objetos de seguridad, validación y nutrición emocional.

Nivel conductivo

La escuela conductista enfatiza los asuntos empíricos, medibles y palpables en lugar de mentalismos o variables intangibles. De manera tal que resume a la depresión a un conjunto de manifestaciones observables de la conducta periferal del individuo, alegando que el conglomerado de síntomas «es» la depresión en lugar de representar algo mental intangible. El desarrollo del fenómeno se debe a la manera agregada en la cual el individuo ha experimentado la carencia de refuerzos positivos a su conducta, y a la administración de contingencias negativas que resultan en el establecimiento de hábitos contraproducentes, disfuncionales, inadecuados o disminuidos en cuanto a la capacidad cognoscitiva, emocional, conductiva y relacional. Las manifestaciones de conducta apagada, letárgica, melancólica y autoderrotante se correlacionan con las verbalizaciones, percepciones y pronunciamientos negativos de la persona que evalúa su propia actuación y sus maneras habituales, con los consiguientes etiquetados depresivos.[3]

---

2. K. Abraham, «Notes on the Psychoanalytical Investigation and Treatment of Manic Depressive Insanity and Allied Conditions» *Selected Papers,* en E. Jones (ed.) (London: Hogarthj Press, 1927). S. Freud, *Mourning and Melancholia,* en P. Riett (ed.) *Sigmund Freud: Collected Papers.* (New York: Collier, 1917) vol 5, p. 165.
3. Véase A.J. Rush, M. Khatami, y A. Beck en su tratamiento de la depresión en *Behavior Therapy*, 1975, 6, pp. 398-404. También el trabajo de M. Seligman, *Learned Helplessness* enfatiza la depresión como desesperanza

Nivel cognoscitivo

La depresión desde este punto de vista es el conjunto de emociones que resultan de los procesos cognoscitivos vertidos en pensamientos, razonamientos, atribuciones, juicios, y asesoramientos negativos, producidos dentro de esquemas o clichés atrapantes y autoconfirmadores que caracterizan a los procesos distorsionados. El «trípode depresivo» [4]es visto como causante de tal condición, con elementos tales como 1)la consideración negativa del ser propio; 2) la percepción negativa de las circunstancias vigentes y del mundo que rodea a la persona; y 3) la perspectiva negativa del futuro, que produce una cosmovisión que atrapa al individuo con desesperanza, desilusión y desasosiego. El establecimiento de ideas rígidas, absolutistas e irracionales fomentan y mantienen el desarrollo continuo de los lentes a través de los cuales la persona se asesora de su realidad idiosincrática, solipsista y negativa. Con tal punto de vista, la persona es capaz de proyectar y de pronosticar su derrotero en forma autoconfirmadora, cumpliendo sus propias profecías negativas. Las atribuciones personales de significado a la realidad son importantes, ya que la persona no es deprimida por los eventos en sí, sino por la percepción y el significado que tales construcciones cognoscitivas y emocionales llegan a tener en su mente.[5]

---

aprendida.A. A. Lazarus aplicó las teorías de aprendizaje en el tratamiento de la depresión, vistas en su artículo «Learning Theory and the Treatment of Depression» *Behavioral Research and Therapy, 6* (1968):83-89.

4. Véase Aaron Beck, quien postuló tal «tríada depresiva» en su obra *Cognitive Therapy of Depression* (New York: Guilford Press, 1979).

5. El modelo cognoscitivo se basa en las experiencias conscientes y racionales de la persona, propuesto históricamente por filósofos tales como Kant, Heidegger y Husserl. Entre los terapeutas modernos, Kelly (1955) desarrolló su psicología de construcciones personales; Ellis (1973) elaboró su terapia racional-emotiva para tratar condiciones psicopatológicas desde el punto de vista cognoscitivo y afectivo. El desarrollo de la terapia cognoscitiva recibió ímpetu con los trabajos de Mahoney, Meichenbaum y Beck, también en la década de 1970.

Nivel social

Aparte de las consideraciones ontológicas y substanciales que definen al ser humano, las definición relacional se agrega con el énfasis que parte del nivel social que alega que ciertos ingredientes depresivos son el resultado de relaciones inadecuadas, carentes de refuerzo animador, encomiástico, sostenedor y satisfactorio.[6] El fenómeno es visto como surgiente de la percepción personal inadecuada, con atribuciones negativas debidas a las interacciones disfuncionales, atrapantes, rechazantes o denigrantes. La retroalimentación constante que existe en sistemas abusivos, manipulativos, nocivos y disminuyentes de las potencialidades de la persona se tornan en percepciones irracionales, derivadas de las definiciones del ambiente opresor, inadecuado o disfuncional. La falta de apoyo social fomentan las sensaciones de aislamiento, con la retracción y el empleo de estrategias de «huida» en lugar de respuestas positivas y eficaces ante las vicisitudes de la vida.

Nivel existencial

Aunque el pasado o el futuro pueden ser considerados como los aspectos temporales que permiten la aparición de los trastornos emocionales, debido a su efecto «presente en ausencia» en la memoria y en la ansiedad anticipatoria, la persona siempre funciona en un presente, dentro de un paréntesis que considera su realidad en el «aquí y el ahora». En tal presente existencial es que todas las conjeturas, las atribuciones, las consideraciones pesarosas ocurren.[7] La depresión es vista como el resultado de las consideraciones ontológicas del ser que se apercibe de su pasado en el presente, acarreado en sentidos de culpabilidad, vergüenza,

---

6. Varias consideraciones sociales son tomadas de las obras de Albert Bandura, *Social Learning Theory*. (Englewood Cliffs, NJ:Prentice Hall, 1977).
7. El caso de Ellen West, tratado por L. Binswanger y que terminó en un suicidio luego de una larga lucha con la depresión ontológica, es reportado en R. May, E. Angel, y H. F. Ellenberger (Eds.) en *Existence* (New York: Basic Books, 1958).

de asuntos pendientes y de remordimientos. También puede ser el resultado de consideraciones anticipatorias, tratando de predecir y controlar el futuro incierto sin lograrlo. La persona en un sentido profundo puede considerar su estado existencial en el cosmos, caracterizado por la mortalidad, la finitud, la precariedad, la angustia y la carencia de significado en la vida. El terror del «ser» en llegar a «no ser» resulta de la angustia de verse dentro de un cosmos que atrapa, enumera y cataloga al ser como una simple entidad estadística carente de existencia idiosincrática significativa.[8] El verse anulado, carente de poder y de recursos, y sujeto a las vicisitudes es amalgamado a la percepción existencial de la necesidad de elegir el vegetar o tener el coraje de «ser» a pesar de los callejones sin salida. El considerar las paradojas del ser capaz de abstracciones, de postulados filosóficos y teológicos acerca de lo infinito y sobrenatural por un lado, y ser reducido entrópicamente al polvo y dejar de existir, aparecen como disonancias cognoscitivas y existenciales con consecuencias devastadoras que dan lugar al «angst». Las personas introvertidas con tinte filosófico perfeccionista, con sensibilidad analítica y con percepciones de culpabilidad e imperfección, son propensas a sufrir tal condición.

Nivel biológico

La depresión es considerada como el complejo disfuncional de los procesos cognoscitivos, emocionales y conductivos, caracterizados por un tinte melancólico, disminuido, negativo e ineficaz. En manera reducida, tales procesos pueden ser considerados a nivel elemental o molecular (la transmisión de los impulsos nerviosos desde el cerebro a través de las neuronas y sus

---

8. Rollo May ha sido considerado como uno de los principales proponentes de tales ideas. Su línea de pensamiento sigue un sentido existencial semejante al de Kierkegaard, a quien consideró como una persona que «conoció la ansiedad y la angustia personalmente». Entre los proponentes cristianos, John Finch ha escrito obras que son catalogadas dentro de esta filosofía. Véase, H. N. Newton Malony en su análisis de la psicología de Finch, *A Christian existential psychology: The Contributions of John G. Finch* (Washington: Univ. Press of America, 1980).

simas sinápticas, donde los intercambios bioquímicos toman lugar) o a nivel neurofisiológico. Los síntomas depresivos son manifestaciones de ciertos trastornos bioquímicos en los sistemas neurotransmisores del sistema nervioso central, acoplados a otros trastornos endocrinológicos y neurofisiológicos.[9] Aunque existen varias clases de neurotransmisoras, las investigaciones se han concentrado en sustancias tales como la norepinefrina, la dopamina, la serotonina, y la acetilcolina, cuyo nivel de existencia y operación en el cerebro parece afectar el funcionamiento total del ser, especialmente su modo emocional. Estrechamente relacionadas a las consideraciones bioquímicas, están las variables neurofisiológicas. Regiones cerebrales como el hipotálamo son importantes, con sus centros regulativos del apetito, del sueño, del deseo sexual, y de la pérdida o el aumento de peso. El sistema límbico, y el cerebro en general, tiene mucho que ver con la manifestación de los síntomas depresivos. El modelo biológico también trata con la genética, con énfasis en la propensidad de ciertas personas a heredar una predisposición a la depresión. Factores intrauterinos (antes de nacer), traumáticos (al nacer), de desarrollo (en la infancia) y situacionales-ecosistémicos (estrés en la vida) actúan singularmente o se añaden a la predisposición genética para producir varias clases de depresión.

Nivel espiritual

Añadiendo a lo dicho en el nivel ontológico-existencial, la depresión espiritual puede definirse como la sensación, emoción y percepción de ser inadecuado ante Dios, con fallas en la actualización de su presencia, de su poder, de sus promesas y de su validación. El verse separado de Dios, de haber errado al blanco o transgredido su voluntad, con consecuencias condenado-

---

9. Las contribuciones de R. Baldessarini son notables en este campo, *Chemotherapy in Psychiatry*. Cambridge, MA: Harvard Univeresity Press, 1977. También J.W. Maas, «Biogenic Amines and Depression: Biochemical and Pharmacological Differentiation of Two Types of Depression» *Archives* 32 (1975). Entre los psiquíatras cristianos, J. White ha escrito capítulos acerca de las nociones y tratamientos farmacoteraspéuticos de la depresión, op.cit. pp.126-140.

ras y alejantes, es lo que caracteriza a la persona que atribuye aspectos rechazantes a Dios. La falta de fe, de paz y de gozo se suman como consecuencias de autocastigo, o como resultantes de las percepciones y atribuciones de castigo divino contra el ser imperfecto, pecador, con culpabilidad y remordimiento y sin la sensación de ser perdonado, aceptado, cubierto, justificado o invitado a la comunión íntima con Dios.[10] Como señalamos al comienzo, antiguamente se consideró a la depresión como un letargo o «pereza espiritual» con etiquetados de «accidia» o «acedia» denotando angustia amalgamada a la impotencia, el desgano, la holgazanería o pereza en hacer la voluntad de Dios.[11] Tal condición formó parte de los pecados mortales, para luego ser considerada como una entidad física o emocional con el correr del tiempo.

Las diferentes manifestaciones depresivas y sus explicaciones no son análogas o similares, sino que representan aspectos diversos que surgen de las posibles causas múltiples, y cuyo significado puede ser particular en cada caso. En forma resumida, la depresión es asesorada considerando las manifestaciones visibles del conjunto de síntomas que revelan la presencia de cierta condición disfuncional, u observando las reacciones de la persona hacia cierta vicisitud, dando a entender que tal condición existe. Las diferentes categorías pueden ser agrupadas y definidas en cuanto a sus síntomas, a su origen o causas, o a su condición disfuncional.

---

10. M. Lloyd-Jones ha sido el proponente de un entendimiento espiritual de la depresión, en su obra *Spiritual Depression: Its Causes and Cure* (Grand Rapids: Eerdmans, 1965).

11. Una historia interesante del concepto «accidia» o «acedia» puede verse en la obra de Stanley Jackson, «Acedia the Sin and its Relationship to Sorrow and Melancholia», eds. A. Kleinman y B. Good, *Culture and Depression*. (Berkeley: University of California Press, 1985), pp. 43-62.

LOS SINTOMAS GENÉRICOS DE LA DEPRESIÓN

Aunque existen clasificaciones definidas y concretas de los diversos tipos de depresión, se debe establecer desde el principio el hecho de tener aspectos generales sintomáticos que se aplican en la mayoría de los casos. Tales síntomas se pueden categorizar de la siguiente manera:[12]

Físicos

La persona depresiva experimenta cambios denominados «neurovegetativos» que tienen que ver con su apetito y su sueño. Comúnmente se nota la pérdida de peso (hasta diez kilos o más en el transcurso de un mes); a menudo se dan los constipados y los problemas gastrointestinales. En algunos casos lo opuesto ocurre, con excesos manifestados por las personas que se tornan hacia el comer como aliciente, tratando de elevar su propio nivel de refuerzo o autonutrirse excesivamente cuando están tristes, melancólicas o se sienten rechazadas. El sueño es afectado, con insomnio y dificultades en el dormir. En algunos casos, las personas se dan al hipersomnio, durmiendo excesivamente, como para evitar enfrentar los cuidados de cada día. Los síntomas psicosomáticos se hacen presentes, agregándose los aspectos físicos y emocionales en cuanto a dolores de cabeza, de espalda, a jaquecas, migrañas y tensión muscular.

Conductuales

El nivel de energía habitual decae, con desgano, letargo y retardación motriz. Se nota cierta lentitud en el pensar, actuar y reaccionar, comparando el estado actual con el acostumbrado o habitual. El nivel de motivación decae, con falta de brío y de prontitud. El deseo sexual disminuye, notándose una frecuencia menor de actividades amorosas, y su intensidad es más baja que

---

12. La lista de síntomas es una síntesis de varias obras, especialmente de las nomenclaturas establecidas en el *Diagnostic and Statistical Manual of Mental Disorders,* op.cit.

la acostumbrada. La persona puede experimentar dificultades tanto en el deseo, en la actuación, como también tener problemas con el orgasmo. La conducta verbal se vuelve más letárgica, con dificultades en la concentración, en la fluidez del hablar y en la facilidad de palabra.

Cognoscitivos

Las dificultades en estos procesos se notan en cuanto a la atención hacia los estímulos, en el enfoque hacia los asuntos, en la concentración y el aprendizaje de cosas novedosas. La persona experimenta problemas en realizar tareas que demandan aritmética, matemática, memorización a corto plazo, recuento de memorias, y procesos abstractos. Los razonamientos se vuelven negativos, parcializados e idiosincráticos, con pronunciamientos que denotan ciertos «sets» o esquemas consolidados de tinte autoderrotante, autoconfirmador, prestando atención a los asuntos que corroboran la predisposición a ser negativos y carentes de aplomo. El pensar y el razonar se vuelven negativos, distorsionados, catastróficos, y contrarios a la persona misma. La percepción se torna negativa, con atribuciones parcializadas, distorsionadas y disfuncionales acerca de la realidad. La memoria sufre, especialmente la de corto plazo, con dificultades en la captación, la retención y el recuento de cosas complicadas y demandantes.

Emocionales

La persona depresiva manifiesta un sentir agudo de tristeza, de melancolía.[13] El llanto espontáneo y suscitado ante cualquier desafío es a menudo observado, con poca defensividad hacia las pérdidas, sean éstas leves o mayores. La ansiedad, la preocupación constante, acopladas al sentido de culpabilidad, de

---

13. El término «melancolía» proviene de «melan»: «sustancia negra», o secreción, en el sentido hipocrático antiguo de pensar, atribuyendo sentimientos negativos y tristes a ciertos «humores negros» presentes en el cuerpo. Freud utilizó tal término para distinguir la tristeza y el duelo comunes y la verdadera depresión clínica en su obra *Mourning and Melancholia*, op. cit. p. 165.

vulnerabilidad y de derrota, muchas veces se expresan en pensamientos o planes suicidas, especialmente cuando la persona piensa que sus dilemas no tienen solución y que no existe otra escapatoria. La imagen pobre, la estimación negativa y la carencia de suficiencia o eficacia propia, son manifestaciones de los procesos cognoscitivos, afectivos y conductivos que han sufrido desavenencias y fomentan la presencia de las emociones negativas.

Sociales

Las persona depresiva tiende a retraerse, a aislarse y a no participar en grupos, afiliaciones o actuaciones conjuntas. La soledad tiende a producir pensamientos, conductas y sentimientos de rechazo, de despecho y de autocastigo, con proyecciones hacia los demás, vistos como juzgadores, carentes de empatía, de amor o de atención. Las percepciones de la persona deprimida se vuelven angostas, restringidas y carentes de fe en otros seres humanos, arraigando sus sensaciones de celos, envidia y resentimiento hacia otros, considerados como siendo y teniendo más felicidad, soltura, libertad o logros. Tales sentimientos no permiten la mutualidad, la reciprocidad ni el compañerismo, sino que tienden a alejar y aislar aún más al individuo.

Espirituales

En condiciones depresivas, la persona puede experimentar una sensación de estar alejada de Dios, de no tener su favor, de haber caído de la gracia y perdido la fe. A veces, las luchas mentales son caracterizadas con el temor de haber ofendido a Dios más allá de la posibilidad de ser restituidos, o de haber cometido pecados imperdonables. Un sentido profundo de culpabilidad, de condenación y de degradación moral puede darse, con la carencia de paz, de gozo, de significado en la vida. Las Escrituras parecieran estar «en contra» y las imágenes de Dios se distorsionan, dando lugar a conjeturas carentes de sobriedad y veracidad, con aspectos menoscabados, destituidos y desposeídos de su amor y cuidado. La persona a menudo resiente a Dios, juzga sus caminos con percepciones negativas, con efectos derrotistas. Asuntos concretos relacionados con la conducta revelan que la lectura de las Escrituras decae, se torna en una obligación legalista; lo mismo ocurre con las oraciones, consideradas más bien un trabajo que un privilegio comunicativo. El asistir a las reuniones, a los servicios de la iglesia, se vuelve pesaroso, con la tendencia de retraerse de cualquier participación en grupos, actividades o ministerios. En muchas ocasiones, tales personas son equivocadamente catalogadas de perezosas, apagadas o «enfriadas» espiritualmente y tildadas de carnales o carentes de fervor. Los ministros sin perspicacia psicológica a menudo pueden añadir cargas condenatorias en lugar de aliviar a tales personas, al no entender el fenómeno desde el punto de vista natural y ordinario.

CARACTERIZACIONES FENOMENOLÓGICAS

Los desórdenes depresivos se categorizan por su estado afectivo o emocional, cognoscitivo y conductivo, agrupados en diagnosis diferenciales. Tales diagnosis se derivan del escrutinio clínico que enfoca sobre los aspectos visibles, empíricos, medibles y fenomenológicos. Las siguientes categorías se enuncian:[14]

Depresión mayor

La persona sufre de un modo depresivo intenso por lo menos dos semanas, y durante tal período pierde interés en todo placer, reportando un estado subjetivo de tristeza, melancolía y desgano. La pérdida del apetito y del sueño son notables. La actividad psicomotriz es reducida, con la observación de lentitud o letargo en el actuar y en el hablar. El nivel de energía decae, con sensaciones de fatiga y carencia de motivación. Las capacidades cognoscitivas experimentan disfunciones, con dificultades en el pensar, en la lógica, en la concentración y atención, en el pronunciamiento de juicios realistas, en la capacidad de hacer

---

14. Las categorías son esquemáticamente dadas; para una mayor información técnica, consúltese al DSM IV, citado anteriormente.

decisiones. Los pensamientos pueden volverse suicidas, con ideas mórbidas y planes vagos o precisos, conjeturas negativas y deseos de morir. Un sentido profundo de angustia, ansiedad y culpabilidad se acopla con razonamientos inapropiados, idiosincráticos y autocastigadores. Tales síntomas no se deben a la los efectos directos de ninguna sustancia (drogas, alcohol, medicamentos) ni a condiciones médicas (ciertas enfermedades que suscitan síntomas depresivos). Tampoco se deben al duelo por alguna pérdida personal (la muerte, la separación, el divorcio de un ser querido) o catastrófica (accidentes situacionales). Tales síntomas causan desavenencias notables en la vida personal, familiar, ocupacional, educativa o relacional del individuo. La duración del episodio es variable, con seis meses o más en la mayoría de los casos, y hasta dos años en otros. Entre las personas de culturas hispanas en los Estados Unidos atendidas en clínicas, se observa la somatización como expresión de quejas depresivas, con dolores de cabeza, «dolores de cerebro» (aunque técnicamente el cerebro no experimenta dolor sino que lo traduce de otros sistemas corporales), dolores de espalda, jaquecas, migrañas, y problemas gastrointestinales. Esta clase de depresión responde a los acercamientos terapéuticos cognitivos-conductivos, a veces combinados con la farmacoterapia. Algunas personas, reacias a los medicamentos, prefieren trabajar psicoterapéuticamente, experimentando tareas más arduas en tal caso, necesitando de soporte, perspicacia, pero más aún, de estrategias nuevas, renovadas y reestructuradas en cuanto a esquemas conductivos y cognoscitivos. Los tratamientos de profundidad ayudan al entendimiento del problema, pero su estilo no se presta al alivio inmediato de los síntomas ni a su resolución. Los recursos pastorales y espirituales son eficaces en cuanto al apoyo y sostén basados en el fomento de la fe, la oración, la lectura de la Palabra, la participación en la comunión y la práctica de los retiros guiados para encontrar sosiego y relajamiento de las tensiones y las preocupaciones.

Depresión clínica

Utilizamos este término simplificando aspectos «endógenos» (nacidos desde adentro), «caracterológicos» (pertenecientes a la ontología del ser), y «neuróticos» (distorsiones de la normalidad debidas a la ansiedad). La característica principal de esta clase de depresión es su cronicidad y sus síntomas, considerados más leves que los de la depresión mayor. Un modo constante de sentirse depresivo o melancólico embarga a la persona la mayor parte del cada día, cuya duración sobrepasa los dos años. De acuerdo al Manual Diagnóstico y Estadístico de Desórdenes Mentales (DSM IV) para establecer una diagnosis de esta clase (dysthymic disorder), la presencia de dos o más de los siguientes síntomas acompañan al modo depresivo: 1) El apetito disminuido, la pérdida de peso, o el apetito excesivo; 2) la carencia de sueño, el insomnio o el hipersomnio; 3) el nivel de energía bajo, con sensaciones de fatiga y desgano; 4)concentración inadecuada, y dificultad en razonar y hacer decisiones claras; 5) estima propia disminuida y negativa; y 6) un sentido de desesperanza, desilusión e ineficacia en la vida. Durante los dos años, los síntomas son constantes, y la persona no es libre de los tales por mas de dos meses a la vez. A veces, la depresión mayor se agrega a esta condición dentro del período de los dos años, dando lugar a un desorden más complejo, una especie de «depresión doble». Los síntomas son de una severidad significativa, afectando la vida personal, social, ocupacional y relacional de la persona. Los sentimientos de ineficacia, la pérdida de interés o placer en la vida, el aislamiento social, el sentido de culpabilidad y morbosidad acerca del pasado, los sentimientos excesivos de ira, enojo e irritación, y la disminución de actividades interesantes o satisfactorias, son factores asociados con esta clase de depresión.

Desorden depresivo bipolar (maníaco-depresivo)

La característica de esta condición estriba en la presencia de un modo mixto, con aspectos maníacos y depresivos alternándose rápidamente en el espacio de una semana, con tristeza, irritabilidad y euforia. La persona puede experimentar la pérdida del apetito y del sueño, la agitación motriz, y manifestar características psicóticas y pensamientos suicidas. Para diagnosticar tales condiciones, es necesario establecer la presencia de los síntomas maníacos a la vez de establecer los que denotan una depresión mayor. Los síntomas maníacos incluyen un período anormal expansivo, elevado, irritable o grandioso que dura por lo menos una semana (o menos, en el caso de necesitar hospitalización), incluyendo aspectos psicóticos caracterizados por delirios, alucinaciones, distorsiones de la realidad presentes en los procesos cognoscitivos. En tales casos se nota la presencia de las ideas de referencia, paranoicas o irracionales. En todos los casos bipolares, la condición se califica con términos que dan a entender su intensidad: leve, moderada, severa, con o sin características psicóticas, en remisión parcial o en remisión total. En cuanto a su duración y tipo, el desorden bipolar puede ser longitudinal (a lo largo del tiempo), estacional (mayormente ciclos depresivos o maníacos con retorno a cierta normalidad), o con ciclos alternados rápidos y sucesivos. Para establecer una impresión diagnóstica, se necesita postular el criterio que garantiza la presencia de una depresión mayor, a la cual se añade la presencia por lo menos tres de los siguientes síntomas acoplados al modo maníaco: 1) la estima propia enaltecida o «inflada» o la grandiosidad (desde la confianza propia inadecuadamente enaltecida hasta la idea de poseer dotes especiales sobrenaturales, creyéndose Jesucristo o Juan el Bautista), 2) falta de la necesidad de dormir 3) el hablar excesivo, 4) ideas volátiles, de rápida sucesión y sin mucha lógica, 5) falta de concentración, con distracciones hacia trivialidades inconsecuentes, 6) agitación psicomotriz, con actividades excesivas hacia ciertas metas con tinte obsesivo (limpiando la casa tres veces en un día, tratar de escribir una autobiografía en tres días, ayunar seis días y tocar la guitarra sin parar día y noche, despertando a los vecinos) y 7) conductas placenteras impulsivas con efectos negativos, tales como las indiscreciones sexuales, el gastar dinero en exceso y compulsivamente, o el meterse en situaciones pesarosas sin saber cómo salir de ellas o sin respetar convenciones sociales. Esta clase de condición es repetitiva, con un 90% de las personas experimentando episodios sucesivos, con un promedio de cuatro episodios en diez años. La duración de los tales puede ser de varias semanas hasta varios meses, con lapsos intermitentes que parecen disminuir con la edad. Los ciclos depresivos tienden a ser más largos, comparados a los maníacos. Algunas de las personas vuelven a su funcionamiento habitual entre los episodios, mientras que otras continúan desplegando dificultades a lo largo de su condición, con muy pocas etapas libres de problemas.

Variantes depresivas

Imbalances hormonales: En algunos casos, el período premenstrual puede agravar las condiciones depresivas, actuando en conjunto con la bioquímica que parece estar relacionada con los síntomas melancólicos. Las condiciones bipolares parecen ser afectadas por tal asociación, como si existiera una predisposición genética hacia tales manifestaciones. La etapa de la menopausia en muchas personas revela la presencia de estados depresivos con angustia fluctuante, irritación, perplejidad y confusión. Un ejemplo específico de imbalance bioquímico situacional-temporal es el de la depresión «post-partum». En algunos casos, las mujeres que dan a luz pueden experimentar un episodio bipolar con características hipomaníacas y con rasgos psicóticos luego del parto. Tales casos son denominados con el término «depresión post-partum» y se consideran temporales, apareciendo durante el período de cuatro semanas que siguen al parto.

Condiciones o síndromes afectivos estacionales: En algunos casos, las personas que viven en regiones geográficas alejadas del ecuador, experimentan estados depresivos conocidos como temporales, asociados a la estación invernal durante la cual la luz solar diurna o los ciclos diarios afectan el funcionamiento del organismo. Teorías al respecto tratan de esclarecer hipótesis basadas en las correlaciones físico-químico-fisiológicas entre las percepciones retinales, las transformaciones bioquímicas, la conducción de impulsos nerviosos, y la experiencia existencial de la persona.

Depresión «ciclotímica»: Si los síntomas no son tan intensos como en la condición bipolar, y no existen los rasgos psicóticos, la condición puede ser categorizada como un desorden «ciclotímico». Las fluctuaciones en el estado emocional aparecen como vaivenes entre estados depresivos menores y estados hipomaníacos, por un espacio de dos años, y con síntomas presentes a lo largo de su trayectoria, sin exceder dos semanas de duración a la vez.

Depresión debida a condiciones médicas

La característica de esta condición es que las aberraciones en el estado emocional se deben a los efectos directos de una condición médica presente en el organismo y que afecta a su fisiología, endocrinología, bioquímica y funcionamiento global. Una variedad de enfermedades se correlaciona con estados depresivos; entre las muchas, figuran las condiciones neurológicas degenerativas (el mal de Parkinson, el mal de Huntington), las condiciones metabólicas (deficiencias en la vitamina B12), las condiciones cerebrovasculares (derrame cerebral), las condiciones endocrinológicas (hipertiroidismo, hipotiroidismo), las condiciones autoinmunológicas (lupus), y las infecciones virales (hepatitis, mononucleosis). Las personas afectadas por el virus del SIDA son propensas a sentir los síntomas depresivos. También, ciertos cánceres se correlacionan con las mismas manifestaciones.

Depresión relacionada a las sustancias químicas

Esta clase de condición se debe a la influencia de ciertas sustancias químicas que perturban el estado emocional de la persona. La utilización de drogas, de medicamentos, es vista como causante de los síntomas. Los efectos de tales sustancias exceden las características de la intoxicación común o del abuso de las drogas. El alcohol, las anfetaminas, el opio, los sedativos, los hipnóticos y los calmantes de ansiedad pueden producir síntomas depresivos. Los medicamentos prescritos que pueden suscitar tales síntomas son los anestésicos, los analgésicos, los anti-convulsivos, los anti-colinérgicos, los anti-hipertensivos, los anti-ulcerativos, los contraceptivos orales, los psicotrópicos (antidepresivos, antipsicóticos, calmantes), los relajadores musculares, los esteroides y otros. Se debe aclarar que no todas las personas experimentan las mismas reacciones, ni todas las sustancias producen los efectos mencionados, sino que existe una especie de «química idiosincrática» en cada caso, con experiencias diferenciales entre individuos.

Depresión reactiva

La depresión puede aparecer como un fenómeno en el caso de las reacciones de ajuste a ciertas circunstancias por las cuales la persona atraviesa. Las situaciones de estrés, las catástrofes, los accidentes, las movidas inesperadas y hasta las emigraciones o inmigraciones planeadas, son capaces de producir reacciones depresivas. La persona experimenta pérdidas, consideradas mayores (familiares, amigos, trabajo, país, dinero, etc.) y sus estrategias en el manejo del estrés no son adecuadas o suficientes. Las personas que se dan a los trabajos excesivos para superarse, triunfar, y se extienden más allá de sus posibilidades, al experimentar trastornos, desavenencias o situaciones pesarosas, son muy propensas a experimentar reacciones de ajustes con tinte depresivo. El agotamiento, el vacío emocional, se traduce en síntomas similares a los de la depresión. La duración de tal reacción no debe superar los seis meses, de otra manera, hay que verificar otras condiciones que pudieran estar presentes, incluyendo aspectos caracterológicos, endógenos y predisposicionales a la melancolía.

Depresión ontológica-existencial

Se dan casos en los cuales la persona sufre de manera tal que sus síntomas son análogos a los de una depresión mayor, pero cuyas causas no se establecen en forma linear, ni responden a los tratamientos farmacoterapéuticos, los estructurados cognitiva-conductivamente, ni a los electroconvulsivos. En tales casos, el sondeo analítico de asuntos existenciales, ontológicos (ontología: el estudio de las cosas en sí mismas, la esencia del ser), caracterológicos y neuróticos es necesario para establecer ciertos criterios en la ayuda terapéutica. Se nota la introspección, la introversión, el sentir autoescudriñador perfeccionista, y las consideraciones filosóficas-existenciales en el afán de buscar un significado en la vida, vivir por encima de la mediocridad en lugar de verse atrapado en un cosmos con sentimientos de derrota, degradación, desmoralización, culpabilidad y con pensamientos suicidas. Se nota la presencia de luchas mentales de carácter espiritual, con obsesividad en el pensar circular, pesimista, abrumador y condenador en torno a percepciones, atribuciones y sensaciones de ser desechado, condenado a sufrir ante las paradojas y perplejidades indagantes pero sin respuesta. El ser es carente de paz, de sosiego, de certidumbre o fe, con la percepción y sensación existencial de estar sin afinidad con Dios, con consecuencias pesarosas. El ser dialógico presta atención a las voces polifónicas regresivas, a las introyecciones distorsionadas que acusan, disminuyen, degradan y condenan «desde adentro» sin ser capaz de dirigir su voz objetiva, afirmada en Dios como para contrarrestar sus acusaciones y degradaciones propias. La angustia personal, la desilusión y la búsqueda perenne de significado más allá de la «vanidad de la vida debajo del sol», se torna en un ejercicio cognitivo-afectivo con tinte depresivo constante en el cual la fenomenología idiosincrática es crucial en el fomento y la manutención de tal condición.

EL TRATAMIENTO DE LA DEPRESIÓN

Cuando se establece la necesidad de intervención profesional, más allá de los consejos suministrados por los amigos y familiares, se trata de evaluar el tipo de depresión, el grado de malestar en tal condición, las consecuencias en la conducta, el ser y sus relaciones interpersonales, ocupacionales y sociales, y buscar posibles estrategias funcionales.[15]

Consideraciones básicas

El objetivo del consejo terapéutico es el de ayudar a la persona a identificar, esclarecer y entender las posibles causas de la depresión, y fomentar un acercamiento hacia las estrategias de ayuda propia, utilizando los recursos presentes en la persona y en sus círculos de apoyo en forma debida. El grado de responsabilidad personal dentro de la condición necesita ser esclarecido, ya que en muchas ocasiones la persona se condena por asuntos que no están dentro de su alcance ni de su voluntad, tales como la predisposición genética, la socialización primaria en manos de personas a las cuales las persona no eligió, y a factores circunstanciales que proporcionan estrés ecosistémicamente. Por otra parte, no se trata de fomentar una sensación de «victimización perenne» en la cual la responsabilidad actual de tomar el problema en serio y trabajar hacia su solución no es enfatizada, sino que se trata de establecer un criterio de ayuda hacia la eficacia propia, la libertad emocional a través de un trabajo dirigido hacia la reestructuración de pensamientos, emociones y conducta mas funcional. La persona no elige las causas ni el derrotero de su depresión; tampoco elige su genética ni a sus socializadores. Pero tal persona puede elegir el tomar decisiones de reestructurar las cosas, de aprender nuevos hábitos, estrategias y esquemas funcionales en el presente, para no verse victimizada, con atribuciones atrapadas dentro de moldes cognitivos-afectivos autoconfirmadores o cumpliendo profecías negativas acerca de su persona.

El objetivo del consejo terapéutico es el de ayudar al afectado a relatar su problema, escuchando con atención, abiertamente y con empatía, prestando atención a los elementos

---

15. Se han dado pautas acerca del tratamiento de la depresión, con esquemas y estrategias básicas, con alusiones al tratamiento cognoscitivo y espiritual. Véase Pablo Polischuk, *La depresión y su tratamiento* (Barcelona: Editorial CLIE, 1992).

cognoscitivos tales como la percepción propia, la percepción del mundo o las circunstancias que rodean a la persona, y a su visión futura en cuanto a esperanza y fe. Al principio, el mantenerse empáticamente aliado y recorrer la trayectoria en conjunto (una especie de compañerismo al atravesar las hondonadas experimentadas por la persona depresiva, los deslices hacia las simas profundas o «el valle de las sombras de muerte»)[16], ayuda a establecer la solidaridad y permanencia necesarias en el apoyo y sostén de la persona, a fin de lograr una base mejor para intervenir, sea conductiva, cognitiva, analítica o existencialmente. Es necesario «encontrar» a la persona a la altura o nivel de entrada emocional donde se encuentra. La persona que ayuda debe mostrar espontaneidad, flexibilidad, disposición abierta y hospitalaria (haciendo «sentir en casa» al que se considera menguado, despreciado, aislado)[17]. Las sesiones se deben estructurar en cuanto al tiempo y al lugar, como para encuadrar la intervención en una estructura estable, constante y segura. Desde el enfoque cabal inicial hasta el sondeo en profundidad de los factores que pudieron dar origen a tal condición, es necesario evaluar el desarrollo de la persona y su derrotero familiar, social, educativo, y ocupacional.

Tratamientos farmacoterapéuticos

Debido a las corrientes actuales que enfatizan la «medicalización» y la «biologización» de los asuntos psicológicos (y hasta los espirituales), es muy común comenzar con nociones de ayuda concreta, directa y enfocada sobre los síntomas observable y físicos. Luego de establecer la seriedad de la condición, a menudo el tratamiento farmacológico con medicamentos antidepresivos suele anteceder a las intervenciones psicológicas, especialmente en el caso de la depresión mayor, en los casos bipolares con rasgos maníacos-depresivos, o en

---

16. Alusión hecha al Salmo 23 en las Escrituras.

17. El autor Henri Nouwen consideró la hospitalidad como uno de los dones más esenciales en el ministerio pastoral, en su obra *The Wounded Healer* (New York: Doubleday, 1972).

condiciones endógenas cuya duración excede el tiempo considerado adecuado o funcional. Luego de estabilizar a la persona, se trata de buscar el mejor medio para lograr que el acercamiento psicológico tenga más eficacia, sea éste de profundidad o de apoyo, de tipo cognitivo-conductivo, analítico o existencial. La historia médica es importante, ya que proporciona nociones acerca de las posibilidades de cierta predisposición a las condiciones depresivas. El tratamiento con medicinas se basa en el modelo biológico[18]. Requiere una diagnosis específica, con la posibilidad de intervenir con agentes químicos tales como los antidepresivos denominados «tricíclicos» y «tetracíclicos» (por su fórmula química, su estructura molecular), los agentes inhibidores de óxido-monoamino, o agentes cuya composición difiere de los mencionados y produce menos efectos laterales secundarios, tales como el Prozac. La aparición del Prozac en el ambiente terapéutico llegó a ser considerada como una especie de «píldora maravillosa»[19] utilizada más allá de su función específica como antidepresivo, ya que se han reportado cambios caracterológicos, aparte de ayudar a las personas a vivir más funcionalmente a pesar de sus predisposiciones a la melancolía. En casos bipolares o maníaco-depresivos, el carbonato de litio ha sido utilizado con resultados adecuados, permitiendo a las personas que sufren tales condiciones vivir una vida más funcional. Estudios realizados por el Instituto Nacional de la Salud Mental de los Estados Unidos[20] han revelado que los acercamientos conductivo-cognoscitivos pueden ser tan efectivos como la farmacoterapia, pero la combinación de ambos es superior en varios casos que demandan

---

18. Entre muchos otros autores especializados en psicofarmacología, Ross Baldessarini ofrece las bases científicas, químicas en sus formulaciones. Op. cit.

19. El libro *Dancing with Prozac* ha sido un «bestseller» desde su introducción al mercado norteamericano.

20. Reporte especial del Instituto Nacional de la Salud Mental sobre *Depressive Disorderes*, realizado por Secunda, Katz, Friedman y Schuyler en 1973, revelando que un 75% de todas las hospitalizaciones psiquiátricas eran por asuntos depresivos, y que un 15% de adultos entre las edades de 18 y 74 sufren de algún trastorno depresivo.

atención debida a los aspectos fisiológicos, bioquímicos y psicológicos en una manera integral.

Tratamientos conductivo-cognoscitivos

El acercamiento desde este punto de vista trata de determinar y enfrentar los eventos y procesos cognoscitivos, sondeando y estableciendo mejores premisas a fin de cambiar el significado y las atribuciones y el valor o poder otorgado a las interpretaciones particulares de la realidad que la persona ha desarrollado.[21] Los pensamientos, las imágenes, los esquemas alojados en la mente que han adquirido fuerza a través del aprendizaje, las experiencias negativas, y elaboradas en forma idiosincrática, se atrincheran en la mente formando moldes atrapantes, filtros atributivos y canalizadores de las experiencias actuales hacia la construcción de significado negativo, de tinte depresivo. Sensaciones, ideas o imágenes se conglomeran en razonamientos, percepciones, pronunciamientos y juicios autoderrotantes. Memorias del pasado, sea que se las considere como yacientes en el subconsciente o como hábitos complejos aprendidos a través del acondicionamiento, de la observación, del modelado de otros, del construccionismo de la persona o como las propiedades emergentes del cerebro, son capaces de conectarse con los eventos y procesos actuales, alimentando en forma continua la condición depresiva. Tales eventos representan manifestaciones encapsuladas o sintetizadas de los acontecimientos pesarosos, recuerdos específicos o vagos de situaciones adversas, y asociadas con reacciones de escape o huida, o de ansiedades derrotantes ante las vicisitudes de la vida. Siendo que los tales aparecen espontáneamente, automáticamente, pareciera que tienen vida propia y vigente, como si fuesen categorizaciones

---

21. Véase Aaron Beck en su obra *Cognitive Therapy of Depression* (New York: Guilford Press, 1979), D. Meichenbaum en su libro *Cognitive-Behavior Modification* (New York: Plenum, 1977), y A. Ellis en su obra *Rational-Emotive Therapy and Cognitive Behavior Therapy* (New York, Springer, 1985).

axiomáticas, entidades perennes y con carácter profundo, ontológico o tácitamente arraigado.

Los procesos subyacentes que subrayan a los eventos pueden ser detectados al trabajar con la persona deprimida. La persona capta y se apercibe de la realidad, escudriñando y percibiendo, atribuyendo significado, poder, valor y etiquetando de cierta manera sus impresiones, sensaciones, percepciones con sus mecanismos de captación, codificación, atribución, y de provisión de significado. Los pronunciamientos que resultan, las premisas que se elaboran, las definiciones de la realidad y el establecimiento de valores y actitudes son propensos a ser distorsionados, apagados, con aberraciones y desvíos de la verdad, de la realidad objetiva. La simbolización que resulta, la consolidación de las memorias que se condensan y alojan en el caudal de la persona, pueden resultar en moldes y esquemas negativos del pasado, del presente, del ser (en cuanto a la imagen, de la estima y de la eficacia propia), del futuro y del mundo social o espiritual postulado por la persona que construye su realidad con tal tinte depresivo. De esta manera, la persona es acongojada no por las cosas en sí, sino por la percepción que tiene de las mismas, como lo recalcó Epicteto (70 AD). Bien lo destacó Jesús: «Si tu ojo fuese tenebroso, todo tu cuerpo será tenebroso». Los razonamientos sobre tales premisas se vuelven autísticos, solipsistas e ilógicos, y en manera irracional afectan las emociones y la conducta de la persona. Desde la «vanidad de vanidades debajo del sol» hasta el vivir con significado: ambas posibilidades existen, pero el tinte sombrío de las atribuciones negativas da lugar a la propensidad depresiva.

En síntesis, las estrategias empleadas en este acercamiento pueden ser agrupadas en la siguiente manera:

1. Detección de los pensamientos automáticos.
2. Retribución de significado nuevo a los eventos.
3. Búsqueda de soluciones nuevas a los dilemas.
4. Apunte de los sucesos, eventos cognoscitivos, los pensamientos automáticos, conectados a la emoción (control cognoscitivo).

5. Intenciones paradójicas, «prescribiendo el síntoma» como para reducir al absurdo y suscitar el interés hacia una mejor comprensión de lo que sucede.
6. Establecimiento de límites, de control a los sentimientos, al llanto.
7. Utilización del humor.
8. Logoterapia: Buscar un significado a la vida y los eventos.

Tratamientos de profundidad integrativos

El enfoque preciso, discernidor y analítico ayuda en el esclarecimiento de los pormenores que entran en juego, tanto del pasado como del presente. El trabajo terapéutico que apela a los procesos cognoscitivos tiende a enfrentar, desafiar y enfatizar la necesidad de renovar la mente, de reestructurar las maneras en las cuales la persona capta, asesora, atribuye significado, consolida y define su realidad, con asesoramiento adecuado y constante, ya que muchas experiencias negativas no pueden ser contrarrestadas con unas pocas admoniciones pastorales ni sesiones terapéuticas al respecto. Se necesita escudriñar, discernir y adquirir perspicacia en cuanto a los procesos aberrantes, mórbidos, distorsionados y a la formación de filtros negativos, constructivos y atributivos. Al enfatizar tal acercamiento, se entra a los procesos «metacognitivos» o a la necesidad de «aprender a aprender», a observar objetivamente sus observaciones subjetivas o propias. Ayudamos a la persona a desarrollar perspicacia, a tener cierta iluminación hacia sus procesos internos, para luego «ceñir los lomos de su entendimiento» (expresión del apóstol Pedro) o el «iluminar los ojos de su corazón» (expresión del apóstol Pablo). De esta manera, entramos al terreno de las estructuras mentales, a los yacimientos básicos de las premisas de fe, a la ontología del ser, y a sus creencias metafísicas personales, tácitas y espirituales. Tal «mente» y «corazón» acoplados a la «voluntad» (expresiones escritúrales que denotan estructuras, procesos y eventos cognoscitivos, afectivos o emocionales, volicionales o motivacionales y conductivos) pueden ser establecidos en un terreno de redefinición, de reestructuración, y aún de resocialización por parte de Dios, quien da pautas de fe, de esperanza, de redención y de renovación a través de sus expresiones en la Palabra y a través de la coparticipación con su Espíritu.[22] Si bien el cristianismo enfatiza la necesidad de nacer otra vez, es necesario recalcar la necesidad de ser resocializados otra vez. Tal reestructuración permite la re-introyección de mejores representaciones de objetos de amor, con un mejor sentido de pertenencia y de apoyo, de encomio y validación por parte de Dios. Dios define la realidad y brinda su presencia, sus promesas y su poder a la persona depresiva. No queremos decir que la persona cristiana no se deprime; pero alegamos que si bien en forma humanista-secular se brindan las condiciones de valer, tales como la empatía, la congruencia o genuinidad, y la aceptación positiva incondicional para que la persona surja, crezca y desarrolle su ser en forma más funcional, aún más podemos esperar con la posibilidad de ir más allá de tales premisas y ser «ministros de un nuevo pacto»,[23] atendiendo la necesidad de las personas con la fe, la esperanza de brindar presencia incondicional, con gracia, confiando en el poder restaurador, apoyador, encomiástico y energizante de Dios. Tales conceptos, lejos de ser abstracciones o ilusiones idealistas, son las premisas que se concretizan en las relaciones terapéuticas que postulan la integración de la psicología con los principios bíblicos-teológicos. La posibilidad de permitir la transformación del ser a través de la renovación de su entendimiento incluye la transformación de las maneras en las cuales el procesado de la realidad ocurre. Es necesario vislumbrar las posibilidades y las

---

22. Entre los terapeutas cristianos, Archibald Hart ha escrito obras acerca del tratamiento de la depresión desde el punto de vista cognoscitivo y espiritual; véanse sus obras *Coping with Depression in Ministry* (Waco: Word Books, 1979) y «Counseling the Depressed» en *Resources for Christian Counseling»*, editado por Gary Collins, (Dallas: Word Publishing, 1987). También la obra citada del autor, Pablo Polischuk, *La depresión y su tratamiento*.

23. Véanse las consideraciones del autor desarrolladas con más amplitud en cuanto a las bases escriturales, ontológicas y funcionales en la psicoterapia y el consejo terapéutico pastoral, en su obra *El consejo terapéutico* (Barcelona, CLIE, 1994).

potencialidades del ser y su capacidad de enfrentar los eventos diarios con otros lentes. El reprocesado y la readjudicación o retribución de significado cognoscitivo y afectivo a los eventos y procesos conductivos puede adquirir otro tinte, con desafíos hacia la creación de nuevas premisas de fe, de esperanza, con la mira de transformar la imagen, la estima y la eficacia propia, arraigadas en un mejor terreno existencial, en la persona, las promesas, las presencia y el poder de Dios. El establecimiento de la convicción, de la certidumbre de fe, es un proceso que demanda perspicacia y experiencia de libertad emocional-espiritual por parte de la persona que debe dar pasos hacia el punto de vista que trasciende la vanidad y la futilidad «debajo del sol».[24]

El trabajo pastoral analítico puede abarcar la búsqueda de ciertas «causas» o raíces de los sentimientos experimentados por la persona depresiva. Tal vez, la introyección de la ira, del enojo sin resolver, manifestadas en agresividad y autocastigo, puedan ser analizadas. Las pérdidas de objetos de amor, o la pérdida de la autoestima, el sentido de pertenencia, de valer o de competencia propia, pueden ser evaluadas en profundidad. El trabajo es lento, pausado y reestructurados, demandando tiempo y paciencia.

Las técnicas cognoscitivas propuestas por Beck y otros en el campo terapéutico[25] incluyen la detección de los pensamientos automáticos, la retribución de significado a los eventos, la búsqueda de soluciones alternativas a los dilemas, el apunte de los pensamientos y el control cognoscitivo. La selección de objetivos concretos, la utilización del humor, la diversión, el establecimiento de límites en cuanto a los sentimientos disfóricos, a los llantos

---

24. Se recomienda la lectura del libro de Eclesiastés, con consideraciones de la futilidad y la vanidad debajo del sol en contraposición a la invitación de la realidad trascendental hacia las cosas triviales del cosmos. La introducción del punto de vista de Dios, quien define la realidad con otros parámetros y con otro significado, hará que las percepciones de la realidad cambien. Tal punto de vista permite restructurar y reatribuír el significado de la realidad definida por Dios, estableciendo un fundamento para hacer frente a las vicisitudes cotidianas con más aplomo, fe y esperanza.

25. Aaron Beck, op. cit.

espontáneos, a los sentidos de culpabilidad y de vergüenza, son acoplados conductivos a las técnicas mencionadas. Técnicas más específicas se emplean con personas suicidas, con depresiones mayores. Se detecta el potencial suicida, explorando los motivos, los planes, las circunstancias vigentes, tratando de aliarse con la parte que aún lucha y necesita ser apoyada para vencer la morbidez. El tratar con la desesperanza, la desilusión, es importante. Luego de obtener las informaciones vitales, se trata de ensanchar las perspectivas de la persona, y de proporcionar alternativas, estableciendo contratos fuertes para proseguir la intervención con apoyo y utilizando recursos alrededor de la persona.

En manera perspicaz, es necesario considerar las premisas tácitas y básicas tenidas por la persona, ya que las tales representan una especie de pacto interno personal, arraigado y promotor de anticipaciones proféticas negativas a ser autoconfirmadas. La manera de trabajar incluye el rastreo de tales premisas, sus bases conjetúrales, sus errores innatos, su arbitrariedad, su generalización excesiva, su razonamiento linear con causa-efecto conectados en manera irracional, con personalizaciones y atribuciones de culpabilidad por todos los sucesos y otras maneras empleadas por la persona en corroborar sus premisas.

Estimamos que un constructivismo calificado (es decir, arraigado, partiendo desde y asesorado dentro del marco de referencia proporcionado por Dios en las Escrituras, extraído y aplicado en forma iluminada y coparticipada en comunión con su Espíritu y con el Cuerpo de Cristo, la iglesia) puede resultar en el cual la persona comienza a dar forma a sus procesos cognoscitivos, afectivos, motivacionales y conductivos, transformando su ser a través de la renovación de su entendimiento. El «devenir» o el «llegar a ser» lo que potencialmente es delineado en el prototipo propuesto (llegar a ser semejantes a Jesús en carácter y conducta) se torna en un proceso redentor-terapéutico, con la transformación continua o metamorfosis, como principio de operación establecido en Romanos 12:1,2. Dicha transformación se manifiesta en la libertad emocional, la investidura de poder, la energización del ser a través del Espíritu, la nutrición y el crecimiento a través de la adquisición de conocimiento, entendimiento y sabiduría de Dios (en la coparticipación entre la Palabra, el Espíritu y el ser en comunión, con fe y obediencia a Dios). Estos son aspectos de resocialización y reestructuración del ser, a ser entendidas y concretamente aplicadas en el correr del proceso de ayuda. La optimización de tal proceso se busca para lograr establecer nuevos criterios: el ser proactivo en lugar de ser reactivo; el vivir enfrentando las circunstancias y desarrollar estrategias en el manejo de la vida en lugar de ser atrapado, vencido o definido por las circunstancias; el extraer de la gracia y de la misericordia de Dios en lugar de considerar subjetivamente su desamparo, su castigo o condenación; el desarrollar un punto de vista trascendental en lugar de ser atrapados en el cosmos, bajo el sol, viviendo en futilidad y vanidad. En resumidas cuentas, la renovación mental es crucial en tal proceso, y va más allá de las estrategias y técnicas propuestas en el campo de la psicología secular que aboga por las intervenciones conductivo-cognoscitivas.

En el caso de tratamientos existenciales, los acercamientos cristianos califican sus premisas, ya que en el campo secular la fe en la experiencia personal puede terminar en callejones sin salida, en vacíos espirituales caracterizados por la angustia, con alternativas suicidas. Sin embargo, en el existencialismo calificado por Dios como el terreno del ser, sobre el cual la persona se arraiga para realizar sus conjeturas, deliberaciones y filosofías en su búsqueda de significado y razón de ser, la oportunidad existe para perseguir sin tregua un derrotero hacia la autenticidad, considerada como el salto de fe a pesar de las circunstancias pesarosas y depresivas de la vida. Tal salto no es hacia «la nada» o «el todo», ni tampoco un misticismo esotérico sin un Dios personal, sino más bien un salto de fe hacia los brazos de un Dios quien es real, siempre listo a sostener, ayudar e investir con poder a los que creen y se arrojan basados en su invitación. El trabajar existencialmente con personas depresivas demanda paciencia, horas de escuchar tales deliberaciones lúgubres, autocastigadoras, y perplejas, y permanecer sobrio, objetivo y empático como para no hundirse con la persona en el proceso. El trabajo no apela a las polémicas, a las discusiones apologéticas ni a los intentos de convencer a través de los argumentos, sino que actúa como un eco, un ente retroalimentador que da pautas acerca de un mejor entendimiento de Dios, de su voluntad y de su cuidado, ayudando a la persona a renovar su mente como en el caso descripto en el acercamiento cognoscitivo, con el agregado de la confianza en un proceso que se asemeja a un planeador y no tanto aun ferrocarril sobre vías inflexibles.

CONCLUSIÓN

En este capítulo se ha definido el fenómeno de la depresión en forma descriptiva, con diversas interpretaciones nacidas de varios niveles de análisis, dándose a entender que es un ente complejo y necesita ser visto como tal. Las diferentes nomenclaturas utilizadas son corrientemente aplicadas a las personas que sufren tales condiciones como diagnosis con propósitos que sirven en la utilización de estrategias de ayuda terapéutica. Tales clasificaciones han sido constantemente revisadas, y continuarán siendo evaluadas a medida que las investigaciones en el campo continúen arrojando luz sobre la materia. Las posibilidades terapéuticas han sido mencionadas brevemente, y necesariamente son muy esquemáticas. El lector interesado en los tratamientos específicos, sean psicodinámicos, cognoscitivos, conductivos, psicofarmacológicos, o existenciales, puede dedicarse a la lectura y el estudio de las obras disponibles.

9
EL FENOMENO DE LA DEPRESIÓN EN LA PERSONA ENVEJECIDA Y LA INTERVENCIÓN DE CONSEJERÍA PASTORAL

Por José R. Rodríguez-Gómez

INTRODUCCIÓN

El sector poblacional que comprende el grupo de edad avanzada no es homogéneo[1] y está aumentando rápidamente debido, entre otros factores, a mejoras en el área de manejo clínico preventivo como de diagnóstico y tratamiento médico. Lo anterior hace que nuestra expectativa de vida haya aumentado sustancialmente a través de los años, al grado que en los Estados Unidos existe un 12.5% de personas sobre 65 años proyectándose un 12.7% para el año 2000.[2] Latinoamérica no se excluye de dicho fenómeno; por ejemplo, en Puerto Rico una población de 3,522,037 personas incluyen 340,884 ciudadanos de 65 años o más, los cuales representan el 9.7% de la población total para ese año.[3] Tenemos, pues, en nuestros países una población envejecida en alto riesgo de sufrir múltiples patologías y problemas emocionales, entre ellas una muy seria y prevaleciente en los ancianos, la depresión. El fenómeno de la depresión es de carácter multifactorial y complejo. Se señala que dicha patología es el

---

[1] J. Carnivali, *Aspectos demográficos del envejecimiento de la población: El caso de Puerto Rico* (Río Piedras: Escuela Graduada de salud Pública, 1989).
[2] C.M. Tauber, *Sixty-Five plus in America,* Current Population Reports, U.S. Bureau of the Census Special Studies, P.-23178RV (Washington, DC: U.S. Government Printing Office, 1993).
[3] Oficina de Asuntos de la Vejez, *Posibles escenarios para el siglo XXI: Los envejecientes enfermos, medidas demográficas y de morbidad* (San Juan: Gobierno de Puerto Rico, 1990).

problema de salud mental mas común entre la población de envejecidos.[4] Tanto como un 30% de la población puede experimentar en algún momento de su vida un desorden de ánimo, incluyendo la depresión.[5] En términos de prevalencia de sintomatología depresiva, se ha reportado en envejecidos no institucionalizados sobre los 65 años, hasta un 15% de casos.[6] El anterior porcentaje puede ser, sin lugar a dudas, mayor en instituciones mentales o casas de salud debido a la marginación que puede existir en estos lugares. Con tales datos nos tenemos que preguntar si los consejeros pastorales están conscientes de dicha realidad y de qué forma vamos a intervenir con ésta. De especial importancia es el que prácticamente toda la literatura psicológica, psiquiátrica y de consejería señala la estrecha relación entre depresión severa y suicidio, por lo que todos aquellos profesionales que requieran intervenir en dicha relación, deben crear consciencia de la posibilidad de suicidio en personas deprimidas, sobre todo en ancianos. En el ámbito de la consejería pastoral, lograr desarrollar la habilidad para reconocer dicho problema es de vital importancia para realizar una intervención efectiva que puede ser salvífica. Es interesante que aún cuando la expectativa de vida al nacer seguirá aumentando (para Puerto Rico se calcula aproximadamente en 81 años promedio) relativamente habrá muy poco cambio en la longevidad de la población. La mayoría de las personas morirán antes de los 90 años y la calidad de sus últimos cinco años de vida será dudosa debido a las enfermedades crónicas y problemas de carácter socioeconómico que padecerán.[7] Lo anterior presupone un ambiente de alto riesgo para la subpoblación de ancianos y un reto de intervención para el consejero pastoral.

---

[4] A. La Rue, C. Dessonville, & L.F. Jarvik, «Aging and Mental Disorders» in *Handbook of the Psychology of Aging,* second edition, in J.E. Birren y K.W. Schaie, editors (New York; Van Nostrand Reinhold, 1985), pp. 664-702.

[5] I.H. Gotlib & C.A. Colby, *Treatment of Depression: An interpersonal Systems Approach* (Elmsford, NY: Pergamon Press, 1987).

[6] R.L. Aiken, *Aging* (California: Sage Publication Inc., 1995).

[7] Oficina de Asuntos de la Vejez, op. cit.

EL FENOMENO DE LA DEPRESIÓN: ALGUNOS ASPECTOS NOSOLÓGICOS Y EPIDEMIOLÓGICOS

Los institutos nacionales de salud mental han estimado que en un año cualquiera, 15% de la población entre 18 a 74 años puede sufrir de sintomatología depresiva severa.[8] Muchos de los factores relacionados a la depresión no han sido claramente estudiados, especialmente para las poblaciones minoritarias.[9] Nuestros envejecidos pueden, sin lugar a dudas, ser considerados doble población minoritaria, por su etnia y por su edad.

Existen diferentes tipos de depresión. El fenómeno de depresión clínica, como patología, no es lo mismo que fluctuaciones leves en el estado de ánimo (o sea, tristeza, frustración o desilusión) que una persona experimenta en algún momento crucial de su existencia por alguna causa meritoria y que muchas veces lo definimos como resultante del estado situacional. Tal estado de ánimo es considerado como una respuesta adaptativa cuya duración es desde unas pocas horas hasta algunos días y raramente interfiere con el funcionamiento diario del individuo.[10]

En contraste, la depresión clínica es una condición mucho más severa con resultados más serios. Cuando la sintomatología depresiva aparece por primera vez puede ser difícil el determinar exactamente de qué tipo de depresión se trata. De por sí, esto plantea serias interrogantes en términos de identificación, manejo, tratamiento y rehabilitación para todos aquellos profesionales envueltos en el manejo de dicha problemática.

Tal como se explicó en el capítulo anterior, según el *Manual Estadístico y de Diagnóstico de Desórdenes Mentales*, conocido como el DSM-IV (Asociación Americana de Psiquiatría,

---

[8] President's Commission on Mental Health, *Report to the President,* Vol. I (Washington, DC: US General Printing Office, 1978).

[9] J.R. Rodríguez Gómez, *Family Structure and Depression: A Study of Puerto Rican Women in New York* (New York: Fordham University, 1993).

[10] J. Rush, *Beating Depression* (New York: Facts on File Publications, 1983).

1994), existen cinco categorías de desórdenes enmarcados en esta área; estos son, desórdenes depresivos, desórdenes bipolares, desórdenes afectivos debido a una condición médica, desórdenes afectivos inducidos por alguna substancia/medicamento, y otros desórdenes afectivos no específicos.

En este capítulo nos concentramos en los tipos primarios de desórdenes depresivos, que son la depresión mayor y los desórdenes distímicos, aunque presentaremos también algunos datos de los restantes.

Comenzaremos con la *depresión mayor*. En términos generales, ésta se caracteriza por una duración de 2 o más semanas y envuelve por lo menos 5 de los síntomas que se presentan a continuación prácticamente cada día en que se experimenta el fenómeno incluyendo al menos uno, de los siguientes dos, entre esos cinco: ánimo depresivo o pérdida significativa de interés y gozo en todo tipo de actividades. Los restantes cuatro serían: pérdida o ganancia significativa de peso o cambios marcados en el apetito, alteración de los patrones de sueño (o sea, hipersomnio o insomnio), retardación o agitación psicomotora, fatiga o pérdida de energía, sentimientos de incapacidad o extremo sentido de culpa, deterioro cognitivo, pensamientos o ideas suicidas o relacionadas a la muerte. Si nuestro anciano posee esta sintomatología, se señala al individuo como que está en un episodio depresivo mayor. Uno tiene entonces que explorar si este episodio ha sido precedido por un episodio maníaco o hipomaníaco, o si el episodio depresivo ha sido concurrentemente acompañado por un episodio maníaco casi diariamente por la última semana (episodio mixto). En la ausencia de todo lo anterior, el individuo es diagnosticado con un desorden depresivo unipolar, esto es, desorden depresivo mayor sin episodios maníacos, hipomaníacos o mixtos. La presencia de cualquiera de los episodios antes señalados justifica un diagnostico de desorden bipolar, o sea un episodio depresivo alternado con episodios maníacos, hipomaníacos o mixtos.

Es importante señalar que los desórdenes bipolares son menos comunes que los desórdenes depresivos.[11] Entre las personas con desórdenes bipolares, los episodios depresivos son más prevalentes en las mujeres que en los hombres. Los episodios depresivos con manía tienden a ser igualmente prevalentes en ambos géneros, pero, su duración tiende a ser diferente. Los episodios depresivos con manía tienden a durar un promedio de 2.5 a 4 meses, los episodios depresivos solos, tienden a ser más largos que los episodios con manía.[12] En términos generales, se observa que la mujer desarrolla desórdenes depresivos más frecuentemente que el hombre; sin embargo, se ha encontrado que esta diferencia en sexo tiende a revertirse luego de la edad de 80 años.[13]

Es interesante que hay personas con muy pocos síntomas para justificar un diagnóstico de desorden unipolar o bipolar. Si los síntomas han persistido por más de dos años de forma moderada y prolongada, sin evidencia de un desorden depresivo mayor, el individuo puede estar experimentando el segundo tipo de condición, un *desorden distímico*. Al menos tres de los siguientes síntomas deben estar presentes para identificarse con dicha categoría: baja autoestima y falta de adecuación o insuficiencia, sentimientos de desesperanza, pérdida generalizada de interés o disfrute por la vida, aislamiento social, fatiga persistente, sentimientos de culpabilidad, irritabilidad, agresión injustificada, niveles reducidos de actividad y eficiencia, y deterioro cognitivo. Contrario al desorden depresivo mayor, el desorden distímico rara vez posee un punto claro de comienzo y/o elemento precipitante. Las personas con esta condición usualmente pueden realizar sus tareas diarias aún cuando requieren de gran esfuerzo para completarlas. Los desórdenes distímicos aún cuando son un tanto más difíciles de identificar y menos tratados, parecen ser más comunes teniendo una

---

[11] Ibid.

[12] J.S. Maxmen, *Essential Psychopatology* (New York: Norton, 1986).

[13] .L. Holt & N. Datan, *Senescense, Sex Roles and Stress: Sherperding Resources into Old Age* (New York: Plenum, 1984); La Rue et al., op. cit.

prevalencia estimada de hasta un 4% en adultos.[14] Son más comunes en las mujeres que en los hombres, 4% vs 2% respectivamente, y el riesgo es mayor para las mujeres entre los 25 a 64 años (6%). Más aún, es común entre familiares de primera línea generacional que han sufrido depresión mayor o desórdenes bipolares en comparación con la población general.[15]

El DSM-IV también señala como tercera categoría en este ámbito de la nosología depresiva a lo que se define como «desórdenes depresivos no específicos». Estos incluyen desórdenes caracterizados por rasgos depresivos que distan de satisfacer los criterios específicos para los anteriores problemas (desorden disfórico premenstrual o depresión que ocurre durante la fase residual de un episodio esquizofrénico).

Este esquema simplificado no es de carácter exhaustivo para describir todas las circunstancias individuales y características de las personas que sufren desórdenes depresivos. Los criterios diagnósticos son regularmente modificados para identificar de forma más adecuada el fenómeno de la depresión aún cuando se tengan categorías diagnósticas convencionalmente aceptadas.[16] Más aún, dichas categorías diagnósticas en sí mismas tienden a ser objeto de revisión, debate y discusión académica extensa, aún cuando se acepten convencionalmente.[17] Lo anterior nos da una idea de cuán difícil es la comprensión del fenómeno y nos dirige a ser sensibles ante el problema.

---

[14] G.L. Klerman, «Drugs and Psychotherapy» in *Handbook of Psychotherapy and Behavior Change,* Third edition, S. L. Garfield y A.E. Bergin, editors (New york: Wiley, 1986), pp. 777-818.

[15] United States Department of Health and Human Services, *Depression in Primary Care, Vol. 1: Detection and Diagnosis* (Maryland: Agency for Health Care Policy and Research, 1993).

[16] M. Kline, N. Sydnor-Greenberg, W.W. Davis, H.A. Pincus & A.J. Frances, «Using Field Trials to Evaluate Proposed Changes in DSM Disgnostic Criteria» *Hospital and Community Psychiatry* 44:7 (1993): 621-623.

[17] V.E. Whiffen, «Is Postpartum Depression a Distint Diagnosis? » *Clinical Psychology Review* 12 (1992):485-508.

FACTORES ASOCIADOS A LA ETIOLOGÍA DEL FENÓMENO DE DEPRESIÓN Y SU INFLUENCIA EN EL ENVEJECIDO

Las preguntas claves de esta sección son: ¿qué causa la depresión? y ¿cómo afecta a nuestro envejecido?. Existen varios factores al respecto que se pueden agrupar en varias categorías: genético-biofisiológicos, psicológicos, sociales y espirituales.

Explicaremos cada uno relacionándolos a problemas que nuestro envejecido puede experimentar. Debemos enfatizar que puede ser difícil determinar exactamente cómo contribuye cada uno de los factores a discutirse en forma especifica al desarrollo de la condición, la norma es tratar de comprender que existe una relación multivariada y compleja entre ellos.

Factores genético-biofisiológicos

En términos genéticos se ha encontrado que aquellos individuos con un historial familiar de desorden bipolar o unipolar tienen un riesgo aumentado de desarrollar depresión clínica en comparación con aquellos sujetos que no tienen tal historial familiar.[18] A base de estas investigaciones se ha concluido que aquellas personas que tienen algún familiar en primera línea de parentesco que ha desarrollado un desorden bipolar o unipolar tienen una probabilidad de entre 25% a 30% de desarrollar a su vez dichos desórdenes en comparación con el riesgo de la población general que es de 3% a 6%. Personas cuyos familiares en segunda línea de parentesco hayan experimentado dichos desórdenes pueden tener entre 12% a 15% de riesgo, mientras que aquellos que hayan tenido familiares en una tercera línea de parentesco su riesgo estimado es de 6% a 9%. Es importante señalar que el riesgo puede ser mayor cuando se han presentado

---

[18] D. Curtis, et. al, «Genetic Linkage Analysis of Manic Depression in Iceland» *Journal of the Royal Society of Medicine* 86:9 (1993):506-510; R.M. Palmour, «Genetic Counseling for Affective Disease» *Psychiatic Journal of the Unive*(Lam, Krippke and Gillin, 1989). *rsity of Ottawa* 14:2 (1989):323-328.

desórdenes de ánimo en cada generación y menor cuando no ha sido así.[19] En términos generales ¿cómo afecta esto a nuestro anciano? Recordemos que a mayor edad pueden surgir problemas con la memoria. Esto puede hacer difícil una identificación genealógica adecuada en su forma primaria cuando se utiliza información suministrada por el anciano. Una identificación primaria puede ser de gran ayuda al momento de establecer quiénes fueron los familiares que han sufrido de determinada condición, pero no tan fácil de realizar con nuestro anciano. En muchos casos, sus procesos cognitivos pueden también estar afectados por condiciones médicas secundarias, lo que hace más difícil que se realice dicha identificación, no pudiéndose estimar la probabilidad de desarrollo de desórdenes de ánimo, tales como la depresión.

Factores biofisiológicos

En relación a factores biofisiológicos se ha asociado el fenómeno de la depresión a deficiencias de determinadas sustancias químicas que son vitales en la transmisión del impulso nervioso, las que se conocen como neurotransmisores. Entre los neurotransmisores se encuentran la norepinefrina y serotonina, sustancias necesarias para un adecuado funcionamiento cerebral y sistémico. En nuestro envejecido, la secreción inadecuada de dichos neurotransmisores puede deberse a posibles alteraciones fisiometabólicas que haya sufrido su cerebro a través de los años, o por deterioro por el mismo proceso de envejecimiento cerebral. Por lo general se recomienda el tratamiento médico psicofarmacológico, usualmente con antidepresivos, o la terapia electroconvulsiva en aquellos casos más resistentes, con la finalidad de tratar a los ancianos con estos problemas. Debemos señalar que la terapia psicofarmacológica aún cuando sea necesaria, recomendable y administrada por psiquiatras expertos, lo cual hace que usualmente sea muy segura su administración, no está exenta de problemas secundarios. Lo anterior requiere un

---

[19] Ibid.

continuo seguimiento y cuidado médico, no sólo en términos del cumplimiento con futuras visitas de evaluación médica, sino en la ingesta del medicamento, factores que muchos de nuestros ancianos no cumplen a cabalidad. Además, debemos saber que nuestros envejecidos son pobres. En Puerto Rico aproximadamente el 60% de la población sobre los 65 años está bajo el nivel de pobreza federal de los Estados Unidos y es interesante esta proporción aumenta según aumenta la edad. Los medicamentos no son baratos y cada vez su costo es más alto. Debido a problemas económicos no es raro que pueda existir discontinuidad o abandono en el tratamiento.

Entre otros factores bio-fisiológicos debemos mencionar que la pérdida de sueño, agotamiento por sobretrabajo, enfermedades como el alcoholismo y otras, incluyendo algunas de carácter hormonal, como lo son hipotiroidismo (que no es raro en el anciano), enfermedad de Cushing (problemas con la glándula adrenal), cambios en el sistema reproductor debido a la edad (menopausia en las mujeres), o a eventos relacionados con la gestación (depresión postparto) pueden ser factores que predispongan a sufrir la enfermedad. Debemos mencionar aquí, por estar íntimamente relacionada a variables biológicas, la famosa depresión estacional o de temporada. Por lo general, ésta se da en dos temporadas, invierno y verano. La depresión de invierno comienza usualmente en noviembre y desaparece aproximadamente en marzo. La de verano aparece usualmente en mayo y tiende a desaparecer en septiembre. La depresión de invierno tiende a manifestarse con hipersomnio, polifagia (sobre todo de carbohidratos) y ganancia de peso. En contraste la de verano se caracteriza por insomnio, pérdida de apetito y peso. Las investigaciones sugieren que la depresión de invierno puede estar precipitada por una hipersensibilidad del organismo a la deficiencia de luz mientras que en la de verano el rol que ejerce el calor como elemento precipitante está siendo todavía investigado.[20] En términos generales el consejero pastoral debe

[20] R.W. Lam, D.F. Krippke & J.C. Gillin, «Phototherapy for Depressive Disorders: A Review» *Canadian Journal of Psychiatry* 34:2 (1989):140-147.

entender y estar familiarizados con estos factores y comprender su importancia tanto en la prevalencia como en la incidencia de la depresión, especialmente con la población anciana que puede encontrarse a mayor riesgo por su edad.

Factores psicológicos

En relación a los *factores psicológicos* existen tres diferentes acercamientos para entender como éstos fluyen en la etiología de la depresión: los factores psicodinámicos, los cognitivos-conductuales y los interpersonales. Expliquemos brevemente cada uno de ellos. El acercamiento *psicodinámico* de la depresión, que tiene sus raíces en la teoría freudiana, explica este fenómeno como la respuesta inadecuada a una pérdida del objeto amado o deseado, sea por separación, muerte o terminación de una relación. La ira y la decepción por la pérdida del objeto se dirigen hacia uno mismo en vez del objeto en cuestión. Dicha visión psicoanalítica se ha expandido para incluir otros aspectos como son: a) la idea de que la depresión puede surgir como resultado de la privación o pérdida de algo querido en la niñez, dañando la autoestima y haciendo que exista divergencia y disonancia entre lo que uno es y lo que uno aspira a ser, lo que se conoce como deprivación aspiracional; b) la presencia de conflictos intrapsíquicos sin resolver, que minan la independencia y no permiten la adecuada compenetración en las relaciones interpersonales.[21]

No creemos necesario explicar como muchos de nuestros ancianos debido a serias limitaciones de toda índole vieron sus esperanzas fallidas más de una vez. La sensibilidad con que nosotros trabajemos estos asuntos es de vital importancia para una efectiva recuperación de nuestro anciano.

En relación a los factores *cognitivos-conductuales*, se establecen a su vez varios modelos, entre ellos el de mala

---

[21] T.B. Karasu, «Toward a Clinical Model of Psychotherapy of Depression: Systemic Comparison of Three Psychotherapies» *American Journal of Psychiatry* 147:2 (1990):133-147.

adaptación cognitiva, desarrollado en décadas recientes,[22] por el que se señala que la base de la depresión se debe a patrones negativos de pensamiento distorsionados que tiene el sujeto. Cuando a estas personas les ocurren cosas positivas piensan que suceden por casualidad o suerte. Cuando le suceden cosas negativas lo toman como prueba de que son ineptas, que se tienen que culpar o que nunca lograran éxito en sus vidas. Las personas con estos patrones de pensamiento negativos son más vulnerables a desarrollar depresión en situaciones adversas.[23] El patrón de «actitud negativa» en algunos ancianos puede deberse a las múltiples privaciones a las que estuvieron sometidos en situaciones de gran tensión durante el transcurso de su vida.

Otro de los modelos cognitivos-conductuales es el llamado aprendizaje de desesperanza basado en los trabajos de Martin Seligman durante la década del setenta.[24] Dicho modelo argumenta que individuos cuyas acciones no los llevan a nada, se vuelven depresivos, generalizando su depresión a otras circunstancias o situaciones en su vida.[25] El fracaso y la desesperanza en más de una ocasión por la falta de recursos disponibles y otros factores asociados, podrían ser elementos que afectan cualitativamente la disposición a continuar luchando en nuestros envejecidos, sobre todo en aquellas condiciones en las que se han visto envueltos y perseverado en más de una ocasión y que no han llegado a un feliz término.

---

[22] A.T, Beck, *Depression: Clinical, Experimental and Theoretical Aspects* (New York: Harper and Row, 1967); y Rush, op. cit.

[23] Karasu, op. cit.

[24] G.I. Olson & B.I. Schober, «The Satisfied Poor: Development of an Intervention Oriented Theorethical Framework to Explain Satisfaction with Life and Poverty» *Social Indicators Research* 28:2 (1993):173-193.

[25] M.A. Mc Coll & J. Friedland,«Depression Among People with Phisycal Disabilities» in *Depression and the Social Enviroment: Research and Interventions with Neglected Populations,* edited by P. Cappeliez and R.J. Flynn (Montreal and Kinsgton: McGill-Queen's University Press, 1993), pp. 257-288; Olson & Schober, op. cit.

El último modelo cognitivo-conductual que explicaremos es el conocido mediante el término de «locus de control».[26] Dicho modelo enfatiza la extensión en la que el individuo ve sus acciones influyendo en algún grado en su ambiente (control interno) versus ver su ambiente como la resultante de fuerzas fuera de su control como lo serían grupos o personas más poderosas que lo pudiesen dominar (control externo). Según este modelo, el creer que uno no puede controlar su propio ambiente lleva a la pasividad, que a su vez se utiliza como un mecanismo de autoprotección por el sujeto deprimido para preservar la autoestima en la presencia de repetidos fracasos. Nos preguntamos, ¿cuántos envejecidos podrían argumentar que controlan su ambiente-social? ¿en qué grado lo controlan? Entre los factores *sociales* a considerarse debemos prestar atención especial a aquellos relacionados con la pérdida de roles en la familia y en el trabajo y su íntima relación con la pobreza como elementos que influyen substancialmente en la depresión del envejecido. El énfasis en esta parte es dar atención especial a los comportamientos e interrelaciones sociales en los diferentes círculos en los que la persona se desenvuelve; de allí la importancia de la iglesia como comunidad de apoyo. Circunstancias como lo son la presencia de redes de apoyo familiares/sociales problemáticas, débiles o inexistentes; violencia o abuso familiar, pérdida de salud, desempleo, pérdida de prestigio debido a jubilación o retiro, problemas de incapacidad física o mental, pérdida de estatus social, pérdida de carácter emotivo por muerte de un ser querido o por romperse una relación, y aún procesos donde exista cambio cultural debido a fenómenos migratorios o de cambio social abrupto, pueden ser elementos que predispongan a nuestro envejecido a sufrir de depresión. Tales factores pueden ser tanto o más importantes que los elementos etiológicos biológicos, aunque tenemos que reconocer la importancia de todos en su justa perspectiva. Si estos factores son de carácter sumativos la posibilidad de sufrir de

---

[26] J.A. Rotter, «Generalized Expectancies of Internal Versus External Control of Reinforcement» *Psychological Monographs* 80 (1966):1-28.

depresión aumenta y aún cuando la literatura señala que no todos los que experimentan estos factores sufren de depresión,[27] queda establecido que la calidad de relaciones sociales que tenga la persona es un elemento crucial en su susceptibilidad y adaptación para prevenir el síndrome depresivo.[28] El consejero pastoral debe saber reconocer la influencia de estos factores, para amortiguar sus efectos negativos tratando de actuar, en la medida en que sea posible, en una línea primaria de prevención en la atención de ancianos y ancianas. Como mencionamos en un principio, tenemos también que recordar y ser sensibles a que no todos los envejecidos tienden a expresar su depresión en los mismos términos. Dependiendo de su cultura, clase social, creencias o idiosincrasia particular, así pueden variar la expresión de su cuadro depresivo.

Todos y cada uno de los fenómenos mencionados pueden fácilmente ser prevalentes en nuestra población de envejecidos. De hecho, la gran mayoría de la literatura gerontológica señala que, desde el punto de vista práctico, los aspectos de salud, el fenómeno de marginación social asociado a pérdida de roles y su íntima relación con los aspectos económicos, el sentido de desamparo social, debido por ejemplo a la pérdida de un ser querido, son factores que han demostrado aumentar la posibilidad de sufrir de depresión.[29] Lo que se conoce como el «síndrome del corazón destrozado», que no es sino una reacción emocional a la pérdida del cónyuge muerto, predispone al cónyuge sobreviviente a un riesgo no sólo de sufrir de depresión sino de mortalidad estadísticamente significativo.[30]

---

[27] Rush, op. cit.

[28] Karasu, op. cit.

[29] S. Alsina y J.R. Rodríguez-Gómez, «El suicidio en ancianos puertorriqueños» *Revista Latinoamericana de Psicología* 27:2 (1994):263-282; F.B.Charatan, «Depression and the Elderly; Diagnosis and treatment» *Psychiatric Annals* 15:5 (1985);313-316.

[30] C.M. Parkes, B. Benjamin & R.G. Fitzgerald, «Broken Heart: A Statistical Study of Increased Mortality among Widowers» *BR. Medical Journal* 1 (1969):740-743.

Factores espirituales

Discutamos ahora algunos factores espirituales en la etiología de la depresión. Pensemos primero en el pecado. ¿Es la desobediencia a las leyes divinas causa directa de depresión, o es una consecuencia de dicha desobediencia? Esto implica en primera instancia que la persona crea en Dios y en su palabra. Existen casos donde la depresión aparece como consecuencia del pecado en la vida de una persona creyente, aún cuando debemos estar meridianamente claros que no siempre la depresión se debe al pecado. El implicar que es puramente el resultado del pecado es ignorar todos los restantes factores etiológicos, lo que hace que tengamos una visión simplista, por demás inadecuada, del fenómeno. Sentimientos de amargura, odio, culpabilidad y hasta de falta de arrepentimiento--algunas personas pueden estar convencidas pero no convertidas--pueden ser factores que dirijan a conductas que predispongan a la persona creyente a sufrir de depresión dentro de un ámbito religioso. Falta de confianza en Dios y en sus promesas, el alejarme de El como elemento básico de apoyo y el no considerar como suficiente, o dudar sobre su sostén y sustento, pueden hacer que el envejecido este más predispuesto a sufrir de depresión.

También debemos enfatizar que algunas personas pueden pasar por períodos estresantes, sin significado, o con vacíos existenciales, difíciles o dolorosos, que pueden ser percibidos como pruebas que Dios permite para sacar lo mejor de nosotros, de forma tal que seamos más productivos para la obra, aún cuando suframos de depresión (1 Pedro, 1:6-7). En contraste, estas condiciones pueden ser concebidas por algunos como un ataque de fuerzas malignas que tratan de disminuir nuestro acercamiento y crecimiento en el Todopoderoso. La actitud espiritual que esa persona manifieste en ese momento y cuán saludable y sólida se encuentre su fe serán factores importantes al momento de llevarse a cabo la acción de decidir hacia cuál de los dos bandos será inclinada la balanza.

Por otro lado, pero íntimamente relacionado al tópico, debemos reconocer que las poblaciones de nuestras iglesias están envejeciendo y esto conlleva reconocer todos los problemas, sus implicaciones y posibilidades de acción, tanto a nivel preventivo como terapéutico, que estos sectores presentarán. El consejero pastoral que no se prepare para manejar estas poblaciones y sus problemáticas estará rezagado en el tiempo, más aún cuando se trate de condiciones en el área de salud mental en las cuales el manejo debe ser rápido y efectivo para evitar consecuencias funestas.

LA INTERVENCIÓN DE CONSEJERÍA PASTORAL CON EL ENVEJECIDO DEPRIMIDO

El fenómeno de la depresión se ha dado con frecuencia dentro de la iglesia aunque no se ha tratado el tópico de una manera exhaustiva, quizás por el estigma que se tiene de que un verdadero cristiano no debe estar sufriendo dicha condición. A veces olvidamos la máxima de no juzgar para no ser juzgados. Nuestros estudios pilotos utilizando instrumentos válidos, con muestras por disponibilidad, para la identificación de sintomatología depresiva en población envejecida puertorriqueña han dado resultados altos entre varias congregaciones protestantes.[31] Tenemos pues que reconocer que el problema existe y es de gran importancia por los efectos contraproducentes y letales que puede tener. De hecho, se ha encontrado que menos de un cuarto de todos los pacientes envejecidos con depresión reciben algún tipo de asistencia psicológica para su condición, acrecentando así la posibilidad de que se cometa suicidio.[32] ¿Qué, pues, puede hacer el consejero pastoral para minimizar el riesgo de desarrollo de depresión y de sus efectos negativos?; ¿cuáles son algunos de los elementos que debe poder activar y manejar

[31] J.R. Rodríguez-Gómez, «Prevalencia de sintomatología depresiva en una muestra de iglesias protestantes puertorriqueñas: Un estudio piloto» (estudio inédito).

[32] G.L. Kierman, «Problem in the Definition and Diagnosis of Depression in the Elderly» en *Depression and Aging: Causes, Care and Consequences,* L.D. Breslau y M.R. Haugh, editores (New York: Springer, 1983), pp. 3-19.

para realizar una intervención efectiva? Nuestro anciano puede sufrir de tres problemas sociales críticos, entre muchos: discriminación, marginación y opresión. No es raro, pues, que sufra de depresión. En primera instancia, y tratando de arrojar luz sobre la primera interrogante, la intervención efectiva debe estar centrada en una línea de prevención primaria multifactorial tomando en consideración las particularidades culturales del envejecido. Una adecuada identificación de aquellas condiciones que sean de alto riesgo debe realizarse temprano para que se puedan minimizar si no controlar y eliminar utilizando todos los recursos disponibles a nuestro alcance. Es necesario que un consejero pastoral que tenga una red de apoyo identifique sus recursos, tanto en su misma denominación como en otras, tanto públicos como privados, de esa forma será doblemente efectivo. Esto implica que la iglesia, reconozca que tiene un deber especial teniendo que romper fronteras al momento de unir esfuerzos para el bien común. Requerimos, pues, que se formalice un frente unido para lograr lo anterior.

La iglesia como comunidad de apoyo tiene una gran responsabilidad en cumplir con esta tarea. Debe verse como comunidad sanadora, como elemento de ayuda que comprenda y entre en la pena de ese pueblo con el propósito de colaborar en su sanidad. Tenemos que empezar a preguntarnos qué se está haciendo para enfrentar esta realidad y si es suficiente lo que se está haciendo con nuestros ancianos en las diferentes congregaciones y concilios. Se han realzado los beneficios de la consejería pastoral grupal para ancianos tanto dentro como fuera de la iglesia.[33] Los grupos de autoayuda deben fomentarse con adecuados líderes formalmente adiestrados. El consejero pastoral debe servir para crear consciencia y apoyar los primeros esfuerzos hacia dicho proceso, dándole seguimiento a través del tiempo y refiriendo en caso necesario, pero no abandonando su labor ministerial de sanidad y asistencia. Esto último implica el

---

[33] E.B. Waters y J.Goodman, *Empowering Older Adults* (San Francisco: Jossey Bass Publichers, 1990).

reconocer que, como profesionales de ayuda, también tenemos nuestras limitaciones y es sabio reconocerlas.

En segundo lugar, para actuar responsablemente en términos de una adecuada intervención y comenzando a contestar la segunda interrogante, debemos recordar que los envejecidos rara vez informan síntomas de depresión; más bien informan quejas y síntomas físicos para llamar la atención.[34] Esto hace difícil poder identificarlos inicialmente como personas deprimidas. Lo anterior tiene serias consecuencias para la práctica de consejería pastoral, pues se requiere que el consejero pastoral tenga la suficiente experiencia, sagacidad y adiestramiento para una identificación correcta del problema. Debemos recordar en este punto que podemos hacer que la experiencia depresiva se convierta en una de aprendizaje para nuestro anciano al igual que para nosotros. Si el consejero pastoral provee una línea de asistencia efectiva creando entre otras cosas empatía, haciéndose cónsono con el dolor expresado por nuestro anciano y guiándole dentro de su depresión a que es un problema que puede manejarse con alternativas reales, la intervención que realicemos puede ser una ocasión de gran crecimiento tanto emocional como espiritual. Recordamos el caso de un anciano muy estimado quien vino a decirnos con lágrimas en los ojos que le habían identificado un cáncer pulmonar secundario y que si había algo que nosotros, como consejeros, podíamos hacer. Nuestra respuesta en ese momento fue abrazarlo, llorar juntos y decirle que el Señor siempre está presente y nos prometió estar con nosotros todo el tiempo hasta el fin de nuestros días. Eso fue proveer una línea empática en la que el dolor no sólo es comprendido sino compartido. El presentar la imagen de un Cristo divino pero a la misma vez humano, que sufrió y se desesperó, pero venció, pueden ser imágenes alentadoras que hagan reflexionar al anciano sobre el proceso depresivo o su problema de una forma más calmada, tratando de entenderlo y manejarlo con nuestra ayuda de una forma más saludable. De por

[34] Alsina-Pomales y Rodríguez-Gómez, op. cit; Charatan; op. cit.

sí esto disminuye el estrés asociado a la condición, mejorando el panorama de recuperación. Debemos enfatizar que el consejero pastoral debe no sólo tener un enfoque multidisciplinario sino interdisciplinario para poder lidiar adecuadamente con el fenómeno depresivo en el anciano. El enfoque holístico integral debe ser nuestra dirección. Debemos vernos como servidores que por la gracia de Dios podemos asistir con una herramienta que otros no tienen, la gracia y fe en un Cristo que provee esperanza y que nos ha permitido en su misericordia asistir a otros mediante la bendición de una adecuada consejería, seria y responsable. El utilizar estas herramientas como elementos motivadores y hacer que el anciano deprimido integre estos pensamientos a su «yo», mediante explicaciones simples, puede servir como punto de partida para comenzar con la ruptura de las actitudes negativas y desesperanzadas. Reconocemos que esto es más fácil decirlo que hacerlo en la práctica, pero por eso es que somos consejeros pastorales, por que tenemos fe y somos perseverantes. De hecho la reestructuración del problema o problemas secundarios pueden hacer a estos más manejables, haciendo que podamos presentarle al anciano un panorama mucho más alentador. Esta técnica provee que el anciano pueda cambiar su percepción y comience a reconceptualizar con nuestra orientación un nuevo marco de acción que le sirva para comenzar a moverse fuera de la depresión. Carmen fue un buen ejemplo de lo anterior. Cuando Carmen cumplió los 80 años en la égida en que se encontraba vendió su automovil para evitar el costo de los seguros. Sus amigos se lamentaron, de lo que ellos llamaron el comienzo de la pérdida de la independencia de Carmen; sin embargo, mediante adecuada consejería pastoral preventiva, se pudo reconceptualizar la situación en forma tal que se recalcaron los beneficios en vez de lo perjudicial, como por ejemplo que ahora Carmen podría tener más tiempo para leer la Biblia y hacer mayor labor evangelística dentro de la égida, ayudándole a explorar y analizar a su vez otras alternativas que ella misma sugiriese para lograr una adaptación más saludable. O sea que el consejero pastoral debe pensar en alternativas viables y compartirlas con su anciano.

Precisamente, es con el anciano que debemos ser lo suficientemente sensibles para recomendar alternativas viables. Recordemos que debido a las condiciones socio-económicas sumamente inadecuadas y la desesperanza en que se encuentra mucha de nuestra población de envejecidos por las condiciones adversas, alternativas que para otras poblaciones serían más accesibles para nuestros ancianos no serían tan simples de llevar a cabo. Por ejemplo, el referir a un anciano para servicio psicoterapeútico, no implica que asistirá; recordemos nuevamente que al menos en Puerto Rico, un 60% de la población de ancianos se encuentra bajo el nivel de pobreza y esto influye en cuanto a la obtención de servicios de salud se refiere. Por otro lado, debemos comenzar a cambiar aquellos elementos distorsionados que sean disonantes para nuestro envejecido. Las barreras no siempre son factores externos sino que vienen de creencias y actitudes inadecuadas que pueden tener su base en generalizaciones estereotipadas que a corto o largo plazo repercuta en depresión. Por ejemplo, casarse en la vejez, o tener sexo en la vejez, estudiar ya siendo anciano, son ideas que de por sí pueden tener un estigma, estereotipando negativamente las posibilidades de acción real de nuestro anciano. Estas concepciones pueden influir sin lugar a dudas en el desarrollo clínico de depresión. El consejero pastoral debe proveer elementos de orientación, para aminorar si no eliminar, estos estereotipos negativos. En términos generales, sugerimos que se recalquen los siguientes puntos en el proceso de consejería pastoral para una asistencia efectiva y eficaz del anciano a riesgo de depresión:

- Proveer una línea de apoyo y esperanza en forma preventiva, sobre todo la presentación de Cristo como agente de descarga y también de crecimiento, de formación y de transformación.
- Disminuir la vulnerabilidad personal mediante la identificación y manejo de factores de alto riesgo como son la pobreza y la marginación social entre otros.
- Desarrollar la habilidad de interrelacionarse y romper con estigmas sociales, sobre todo aquellos que establecen la

inadecuación del anciano para mantenerse activo y aportar a su ambiente social.

- Reconocer que tenemos que referir en caso de ser necesario, no necesariamente perdiendo el contacto con la persona y aportando nuestra visión pastoral, pero sí reconociendo nuestras limitaciones.
- Ser pacientes y perseverantes. Los procesos de sanación y manejo psicopatológico por profesionales competentes tardan y requieren de tiempo suficiente como para lograr ver su efectividad.
- El personal de nuestras instituciones eclesiásticas debe comenzar a adiestrarse en diferentes niveles de prevención, identificación y manejo de problemas en el área de salud mental, especialmente con la población envejecida para que apoyen y realicen intervenciones pastorales adecuadas dirigiéndose sobre todo a tratar de minimizar los factores de riesgo en el desarrollo de la depresión.
- Reconocer que la iglesia está llamada a ser comunidad terapéutica y es nuestra responsabilidad aportar para que así sea.

Debemos exponer un punto que consideramos vital al momento de trabajar con el anciano deprimido. Es importante que reconozcamos y recordemos que no importando su origen, los desórdenes afectivos, incluyendo a los depresivos, no son una consecuencia natural del envejecer. El pensar así es limitar el amor de Dios para con nosotros y nuestros ancianos, además de restringir, de poner trabas, al acceso del Espíritu Santo en la vida humana no importando su edad. Debemos permitir que el proceso de consejería provea para que el Espíritu Santo no sólo obre a través de nosotros en beneficio de nuestro anciano, sino que se manifieste en tal persona. Tenemos, pues, que preguntamos quiénes somos nosotros para restringir dicha manifestación y si se nos pedirá cuentas por esto. El consejero pastoral debe ser ejemplo de espiritualidad y compromiso. Lo anterior debe trascender a través del proceso de orientación, concientizándonos de que este proceso no es nada más que una de las múltiples manifestaciones de ayuda que Dios en su inmensa misericordia provee para beneficio de su rebaño.

DEPRESIÓN, SUICIDIO E INTERVENCIÓN DE CONSEJERÏA PASTORAL

Deseamos aprovechar sólo unas breves líneas para presentar los siguientes puntos:

El fenómeno de la depresión esta íntimamente ligado al suicidio; de allí la importancia de una efectiva intervención de consejería pastoral recordando que ante cualquier señalamiento suicida hay que detenerse a intervenir rápida y eficazmente. La sensibilidad, destreza y astucia con que hagamos esto es vital. El orar es indispensable, el sincerarnos con Dios es necesario. El poseer adiestramiento adecuado es juicioso.

Para ejemplificar cuán serio es el problema del suicidio tomaré el caso de Puerto Rico que tiene, durante la década de 1980 al 1990, un promedio de 12 puntos más altos en el nivel de prevalencia de suicidio para los envejecidos en comparación con la población general.[35] De hecho, en el mismo período se tiene un nivel de prevalencia de suicidio para ancianos de un 1% más que en los Estados Unidos. Este porcentaje aunque pequeño es significativo. Sin lugar a dudas en otros países la problemática tiene también serias ramificaciones.

Obviamente después del suicidio es imposible cualquier intervención; por consiguiente, nuestra primera línea de asistencia debe ser de carácter preventivo. El consejero pastoral debe ser un soldado de primera fila en términos de la utilización de recursos preventivos. No debe considerarse autosuficiente sino como un elemento preciado por demás en la batalla contra la depresión y el suicidio. Los consejeros pastorales deben empezar a verse e integrarse como parte vital del manejo holístico de la persona en necesidad, para beneficio de todos. Recordemos que en el relato bíblico de Job se señala que: «(sus) ojos se oscurecieron por el dolor, y (sus) pensamientos todos son como sombra» (Job 17:7),

---

[35] Alsina-Pomales y Rodríguez-Gómez, op. cit.

sin embargo, luego «quitó Jehová la aflicción... y aumentó al doble todas las cosas que habían sido de Job» (Job 42:10).

Aún cuando nuestra realidad no sea la de restauración total sabemos que Dios se encuentra con nosotros y que podemos contar con su cuidado. Lo importante es dirigirnos hacia la comunión con Dios en el proceso de salvación. Así el Señor en su divina misericordia nos ayude.

Apéndice
NUESTRA CONDUCTA Y EL EVANGELIO

por Hugo E. Serrano Arroyo

ESCOGER LA VIDA

Es notable que el ser humano, teniendo la posibilidad de ser auténticamente feliz, decida no serlo. El error primario está en escoger mal. Porque escoger mal es la maldición de la vida. Se escoge para bendición o se escoge para maldición. Cuando alguna persona busca consejería con nosotros siempre tratamos de guiarle hacia los siguientes pasos de reflexión: En primer lugar ser feliz por encima del egoísmo material. En segundo lugar escoger la vida, con la mira en el largo plazo, en la vida futura, y en la esperanza de una vida mejor. Cuando se escoge mal, ya sea por ejemplo en el caso del cónyuge, de la dimensión espiritual o del trabajo, es posible que se viva la vida entera siendo infeliz. Porque una mala elección de corto plazo afecta a largo plazo; por lo tanto, nada es más importante que escoger sabiamente. Es necesario escoger la vida.

Elementos de la elección

Para elegir libre y sabiamente hay unos elementos indispensables que debemos reconocer comenzando con lo que llamamos el libre albedrío y la responsabilidad personal irrenunciable: nadie puede escoger por nosotros, es nuestra elección. Establecido por Dios tenemos la experiencia y el libre albedrío. Escoger pues es una responsabilidad personalísima que no puede rechazarse, aplazarse o postergarse. Tener una efectiva capacidad de elección se convierte en una señal inequívoca de madurez. Escoger es asunto de vida o muerte. Por ejemplo, cuando la novia tiene miedo de llevar al novio a su casa por lo que dirá la mamá, debe discernir si ese novio puede contribuir a su felicidad futura; si en verdad la quiere no transará en verla a escondidas, porque «lo que se ama se protege». Si el novio transara porque la novia no se decide a enfrentar a la mamá a corto plazo parece bueno, pero en realidad no lo es. El novio está dando muestras de ventajería en la situación y esto de por sí puede revelar sus verdaderas intenciones. Lo ideal sería que el novio deseara visitarla en casa y que la novia se enfrentara a su mamá y le dijera, «mamá este es el hombre que yo amo y deseo que me visite en mi casa». Aunque la pareja no lo advierta, puede estar dando la primera gran batalla por su elección, por su amor.

Cuando llega el momento de decidir y escoger, si se deja pasar la verdadera oportunidad no sabremos si habrá próximas. Les decimos especialmente a los jóvenes, «sólo en las novelas las oportunidades son ilimitadas». En la vida real cuando surge la oportunidad, es buena, es correcta, debe aprovecharse; así jamás vivirás la frustración de perder la oportunidad. El problema primario, son nuestros miedos y temores que nos impiden decidir y el mecanismo de defensa típico es, «no hay problema, surgirán más oportunidades adelante». La verdad es que eso no lo sabemos. La elección siempre tiene la connotación de poder ser factor de vida o de muerte, no necesariamente la muerte física sino la muerte de las posibilidades, la posibilidad final.

Podemos decir también que se escoge para bendición o maldición. Un error en escoger sabiamente en las áreas del matrimonio, el trabajo o el momento de tener familia puede constituirse en motivo de maldición. Ahora bien, una preparación adecuada, por ejemplo en el caso del matrimonio, no consiste en visualizar el fracaso. Por el contrario, prepararse para conseguir los elementos indispensables y necesarios tanto espirituales como materiales para el matrimonio en un mundo tan competitivo y agresivo podrían ser elementos muy superiores de motivación y estímulo. Escoger la bendición nos obliga a ponderar el futuro, pensando, «me ama por encima de cuanto tiene»; pensando, tenemos que mejorar por encima de, «el padre tiene una herencia». Escoger para bendición es considerar la convergencia de propósito. Por ejemplo, pensar en el muchacho de la misma iglesia que tiene metas comunes, o en el vecinito que toda la vida estuvo enamorado de ella por encima del que conoció en un baile que representa una ruleta para su vida. Escoger la bendición por último puede ser tan sencillo como responder a aquella oportunidad que tenemos más cerca. Por ejemplo, trabajar en lo que me gusta; si mi vida es en torno a la iglesia su realización podría ser el pastorado. Sin embargo, uno puede ser un buen cristiano sin aspirar a ese llamado tan profundo. En el primer caso, la persona ha internalizado y entiende su llamado, en el segundo caso se ama profundamente al Señor pero su realización está en otras facetas de la vida probablemente no menos «cristianas».

Generalmente los jóvenes nos hacen preguntas sobre la toma de decisiones. Siempre les podemos decir que «la naturaleza nos revela» y «la Palabra nos señala el camino». Tales frases bíblicas las colocamos a su vez en un contexto de conocimientos de la conducta. Por ejemplo, la muchacha que desea conocer realmente a su novio debe saber primero cómo se comporta en su ambiente familiar; cómo se comporta con la madre, por ejemplo, porque el amor de esposa y madre, aunque de raíces diferentes, son igualmente intensos y únicos. Por lo tanto, el conocimiento es accesible. De todas formas, de no existir ejemplos tan sencillos reiteramos que la «naturaleza nos revela». La revelación general nos sugiere que alguien hizo el cielo, la luna y las estrellas; todas las ideas que se proyectan están relacionadas con aspectos de nuestra elección. Si es un trabajo de médico, el sentirse herido cuando un anciano es maltratado delante de usted podría significar que usted siente inclinación hacia esa vocación. O sencillamente usted sufre cuando ve morir un paciente que usted piensa pudo haber sido mejor atendido. Sin lugar a dudas la naturaleza nos revela. Estamos la vida entera viendo pequeñas cosas sobre nuestra decisión hasta que llegamos al punto de maduración. Finalmente la Palabra nos señala el camino. Personalmente tenemos una fe inquebrantable en la Biblia y siempre ha sido un consuelo personal increíble en nuestra vida. Pero, aún en la toma de decisiones la comunicación oral y escrita se convierten en elementos formidables en la toma de decisiones.

EL FACTOR PSICOLÓGICO

El sentirse incapaz o impotente para llevar adelante grandes proyectos siempre es producto de una crisis personal. Hemos sido degenerados por todos aquellos elementos de socialización y acondicionamiento que desfiguran la obra que Dios hizo en nosotros. En síntesis Dios nos hizo con potencial de grandeza, pero, la sociedad, la educación y hasta la familia desean controlarnos, limitarnos y reducir esa grandeza.

El ejemplo más sencillo es el *miedo*. Los miedos son aprendidos. El niño ama la oscuridad; en el seno materno era profundamente feliz y la oscuridad era absoluta. Pero la madre siente miedo a la oscuridad, le transmite su miedo a la criatura y con ese miedo otros miedos. El niño nació sin miedos; ahora se le han creado fantasmas, y eventualmente esos fantasmas lo esclavizan y llegan a dominarlo. Como aquel ejemplo hay miles de cosas que se aprenden que nos limitan, nos detienen y nos esclavizan. El caso del *condicionamiento* es otro ejemplo apreciable. En la década del 70 se hizo famoso el espectáculo en que un tiburón y una foca convivían en un mismo estanque de agua. La foca es uno de los platos preferidos del tiburón. Ocurre que se había colocado un cristal irrompible entre el tiburón y la foca. El tiburón se había dado muchas veces contra el cristal y se había golpeado en un área donde tiene gran sensibilidad. Una vez condicionado el tiburón se le levantó el cristal; el tiburón vive la vida entera pensando que hay un cristal en el medio. Se le condicionó a no intentar salirse de su espacio. El condicionamiento puede ser devastador para la personalidad. Se nos enseña que «no somos tan inteligentes»; algunos le dicen a sus hijos llanamente que son brutos. El resultado es una autolimitación. Uno habla con personas con una autoestima tan baja que en su propia opinión no sirven para nada. En la iglesia no cantan, no dirigen, no pueden visitar. Literalmente no pueden hacer nada y cuando uno los confronta le confiesan, «Pastor es que yo no sirvo para nada». Confesando esto de sus propios labios constituye una admisión de condicionamiento aterradora. Naturalmente entre las capacidades que Dios nos dio y las capacidades que algunas personas dicen tener existe un abismo. En ocasiones no es suficiente levantarles el cristal sino recondicionarlos hacia el mundo de posibilidades que tienen por delante.

La degeneración de la personalidad surge en el seno de la familia. Hemos estudiado cientos de casos de depresión para descubrir que los sentimientos de la niñez--sentimientos personales de incapacidad, sentimientos profundos de felicidad no realizada--constituyen las fuentes depresivas más comunes. Cuando el ser humano establece las bases de esos elementos es en la niñez; por lo tanto, la depresión tiene su origen en el seno de la familia. Dedicar tiempo a la alegría, al compartir, a las vivencias (cumpleaños, bodas, elementos que nos hagan únicos y felices tanto materiales como espirituales) así como al deporte y otras ocasiones de realización personal estableceremos lo que se puede llamar balance. Nunca la familia balanceada, equilibrada, tanto espiritual como materialmente, tendrá esos sentimientos que afloran en el inconsciente.

Debemos destacar también que la inseguridad y otras actitudes similares en muchas ocasiones obedecen a los mal llamados «mecanismos de defensa». En ocasiones aún el desánimo se convierte en uno de esos mecanismos que se operan como conductas defensivas ante la posibilidad de realización y crecimiento. Además, la sociedad moderna está llena de culpas, con personas que se consideran responsables sobre un sinnúmero de situaciones y que en realidad nunca han tenido culpa alguna.

No hay nada más valioso que el nicho o el hogar, porque es allí donde acudimos a recuperar el aliento y cuando muchas cosas salen mal es el espacio humano donde podremos sobrevivir. El materialismo desenfrenado, la socialización y el «qué dirán» social, y elementos simbólicos de status y preferencias han degenerado igualmente al nicho, restándole tiempo al diálogo, al compartir la actividad familiar y en la iglesia a la comunidad sanadora. Esto equivaldría en la iglesia a limitarnos al culto al altísimo sin considerar que es una comunidad de fe y terapéutica. Es en la iglesia donde están nuestros amigos, nuestras compañeras y nuestros padres y madres. Por lo tanto, cuando la iglesia no alimenta, no solamente nuestra vida espiritual sino nuestro niño, nuestra cultura y sentimientos del padre podemos concluir que es una institución completa. Con una familia trunca donde recuperar aliento y una iglesia trunca de dar solamente cultos tendremos personas que todavía se sienten insatisfechas.

¡Se acepta el Reto!

En un pequeño libro titulado «El gran libro del Cazador», de Matt Williams, se narra la historia del ciervo adulto de una raza particular que habita en los montes. Señala el autor que deseaba tener una cabeza de uno de esos ciervos, pero no la tenía, así que tuvo que enfrentarse al gran mito de los cazadores. ¡Ningún cazador ha cazado muchos ciervos de esa especie! El verdadero ciervo adulto y maduro habita en los montes. Desciende al llano para buscar agua fresca. No le gustan las aguas pantanosas. Su propio instinto le dice que si toma agua sucia los dolores y consiguientes problemas le harán presa fácil. Le gusta por tanto el agua corriente...limpia. Cuando el cazador descubre al ciervo, éste a su vez acepta el reto del cazador. No regresa al monte porque pondría en peligro su prole. El ciervo enfrenta al cazador hasta derrotarlo. Su instinto le dice que si no lo derrota no volverá a tener paz. Cuenta el cazador que lo siguió cinco días, de día y de noche, hasta que el cansancio lo rindió. El animal se le acercó al lado de su propio fuego, le dio con la pata y lo despertó; el mensaje era claro: podría haberlo matado pero no lo hizo. Al día siguiente le vio regresar al monte; la lucha había terminado. Las enseñanzas de esta historia verídica o de su imaginación, son portentosas. Transar por beber agua pantanosa es terrible a largo plazo. Es algo terrible para un miembro de la familia descubrir que el padre es un delincuente. Por lo tanto, bebamos siempre agua limpia. En segundo lugar, no podemos ser felices sin aceptar el reto del cazador. Los problemas no se resuelven huyendo. Hay que enfrentarlos y solucionarlos, o tarde o temprano seremos cazados. Para tener paz hay que regresar al monte porque es allí donde estamos felices y contentos con los nuestros. La lucha termina cuando nos enfrentamos a la adversidad, no porque no vendrán otros cazadores sino porque nosotros hemos aprendido a enfrentarlos.

Compromiso más allá de las circunstancias

De todas las características latinas que constituyeron una perla de gran aprecio y que hemos ido perdiendo con el paso de los años se destaca el compromiso. No importa los niveles que examinemos, sea en la institución de la familia, en el matrimonio, la iglesia o la escuela, el compromiso ha decaído grandemente. En tiempos pasados, diferentes profesiones guardaban para sí un status inherente a la condición profesional, sin entrar en elementos de salario, condiciones de trabajo u origen o política alguna. Así, ser maestro era profundamente honorable; a su vez el maestro recompensaba esa fe con un compromiso ineludible y afinado.

Hoy con tristeza vemos como a todos los niveles el compromiso ha decrecido. Lo notamos en esposos cuando entregan su esposa al Hospital de Psiquiatría en forma indefinida; lo advertimos en jueces que no pueden discernir el caso de un joven que no tiene casos anteriores y la prueba en su contra es débil y es un criminal consuetudinario, lo vemos en esposas que dicen haber dejado de amar a sus esposos aunque tengan cuatro niños todos menores de diez años. El denominador común no son ni esposas enfermas, ni jóvenes delincuentes, ni es falta de amor. El denominador común es falta de compromiso. Cuando en el matrimonio se dice, «hasta que la muerte los separe», lo que se está mencionando es el compromiso. Percibimos con pena como hoy en día, se modifica el compromiso por las circunstancias. Se lleva a los ancianos a los asilos en la gran mayoría de los casos, no por necesidad sino por falta de compromiso. En días recientes presenciamos un caso formidable en donde luego que un padre le dejó toda la fortuna a su hijo, éste lo llevó a un asilo de ancianos. Mientras el padre sufría intensamente en ese lugar nos solicitó ayuda. Nos reunimos con el hijo y su esposa en una mansión y tuvimos una sesión profundamente confrontadora, él, su esposa y yo. Nuestra posición fue ¿quién es usted sin la fortuna de su padre?... El millonario era el padre; el pobre era el hijo. A lo menos que tenía derecho ese anciano era a la felicidad que ese hijo único le pudiera dar. Pero era inaceptable que el padre sufriera y ellos disfrutaran. La confrontación fue sumamente reflexiva. Veinticuatro horas después recogieron al padre y comenzaron a tratarlo muy bien. Las personas quieren vivir la vida por las circunstancias olvidando sus compromisos. La realidad es que los compromisos van más allá de las circunstancias. Cuando se recuerda ese punto duele, pero es concientizador.

Cuando un joven se nos acerca y dialogamos sobre este tema acostumbramos a refrescar el tema recordándole que cuando su esposa se enferme nada debería cambiar, porque el compromiso sigue siendo el mismo. ¿Cómo reaccionaría él 24 horas antes de la boda sin consumar el matrimonio si por cualquier circunstancia se quisiera detener la boda. Lo mismo, pero con mayor dimensión sucede 10 años después con la familia, con una esposa que ha sido buena y fiel y ahora pierde sus facultades mentales. Lo menos que esperamos es saludarle personalmente en el Hospital de Psiquiatría a ese esposo todos los domingos con sus hijos y por lo menos una sopa caliente. Porque quien pierde el compromiso jamás lo podrá justificar. En el peor de los casos, quien no puede comprometerse adecuadamente posiblemente tampoco servirá adecuadamente para nada.

El amor debe ser más allá de las circunstancias. El sentido de pertenencia y lealtad a una esposa debe ser igual. Los mismo sucede con la esfera del trabajo...

En la vida donde todos los días nos enfrentamos con tanto desafío y adversidad, no existe salvavidas más extraordinario que el compromiso. Luchemos por las ideas y por mantener un criterio propio típico de la gente digna. Cuando se mantiene el compromiso, no habrá circunstancia que pueda opacar lo que creemos profundamente. Como signo clave de madurez en el ser humano que se enfrenta a la adversidad y lo hace guardando sus compromisos porque en ellos está encerrado su carácter de dignidad humana.

SER HUMANO: UN GIGANTE, UN ENANO

Un gigante hecho a imagen y semejanza de Dios

Postulamos que no se puede alcanzar la plenitud personal lejos de Dios y que la felicidad a largo plazo está en encontrarse a uno mismo y llenar una especie de vacío interno propio de la especie humana. Creemos que ese vacío se llenará sólo en un proceso de confrontación con el Señor y creador. No es menos cierto que la grandeza humana precisamente consiste en esa imagen y semejanza con Dios. El ser humano, en tal sentido, es sin lugar a dudas un gigante.

La capacidad del ser humano es casi ilimitada. Su capacidad de memoria, habilidad mecánica, juicio, valoraciones y empeño pueden llegar a niveles insospechados aún para el estudioso más profundo. La retardación mental, por ejemplo, de ninguna forma quiere decir que la persona no tiene otras destrezas que puedan conducirle hacia su realización.

Caso Germán

Germán fue una de las motivaciones más extraordinarias para una iglesia de la que fui pastor. Este joven se le había puesto el famoso sello de retardación. Cuando llegué a la iglesia decidí trabajar con él. Le suministré una serie de pruebas para descubrir que todo su problema de la mal llamada retardación consistía en el área de juicio e interpretación donde efectivamente tenía serias limitaciones. Sin embargo, para mi sorpresa Germán tenía áreas, no solamente normales sino sobresalientes, como eran la memoria y la habilidad mecánica. Decidí darle una lección a toda la iglesia con Germán. Trabajaba con él, separadamente, para que aprendiera de memoria los elementos teológicos más profundos de la materia de la salvación por ejemplo. Luego daba un estudio bíblico a toda la iglesia; cuando finalizaba los ponía en pie y les preguntaba. Con mucho trabajo alguien mencionaba una o dos áreas del fenómeno de salvación, luego ponía en pie a mi campeón, Germán el supuesto retardado. Germán en 30 segundos mencionaba todo el fenómeno de la salvación: 1) conversión; 2) nuevo nacimiento; 3) justificación; 4) regeneración; y 5) vida abundante.

Cuando había dudas volvía a surgir el campeón. Aclaraba los puntos. La motivación fue increíble; nadie quería quedarse atrás, y hasta el más sencillo miembro podía entrar a las profundidades teológicas. Nunca olvidaré el ejemplo de mi campeón.

El ser humano es un gigante hecho a imagen y semejanza de Dios. Ponerle sellos de ineptitud constituye un error formidable y un prejuicio que debemos modificar. Causa un dolor intenso ver a una familia destruida porque su hijo tiene alguna limitación, pero esto revela más una deficiencia de la familia que del paciente. Siempre existirán alternativas para que ese ser humano se desarrolle como tal. La vida abundante debe verse en el marco de la creatividad, del explorar áreas nuevas.

La frase preferida de mi madre era «para las grandes empresas tienes muy grande el alma». Todos los días me recitaba el salmo 1 y ese pequeño discurso. Hoy en día cada vez que me enfrento a una gran empresa recuerdo que de niño fui motivado para aceptar retos y todo se convierte en un reto maravilloso. El enseñar a los niños historias como la de Eber-melec, el etíope que logró la liberación de Jeremías o la historia de Melanchton, el consejero apacible de Lutero o del profeta Micaías, el profeta que no le gustaba al rey Acab porque le profetizaba la verdad. O examinar sencillamente el cap. 11 del libro de Hebreos, al cual personalmente le llamo «el pabellón de la fama», presentando a gente común como campeones de la fe, le daría al niño y también al joven la visión de que haciendo pequeñas cosas se pueda llegar a ser grande. La tesis que sólo se puede ser feliz cuando se es grande ya sea por fama o por tener dinero o sencillamente por tener una imagen debe ser derribada bajo la tesis de que el hombre digno ya tiene una grandeza al ser hecho a imagen y semejanza de Dios y que cuando se hacen las cosas pausadamente y bien en cada pequeño aspecto de la vida, surge la nobleza. El prestigio en cualquier área aunque humilde, exige la excelencia. Sin embargo, cuando una persona es creativa porque piensa que puede aportar a la sociedad y facilita algún área de la vida del hombre, como secuela, puede llegar a tener las recompensas que la sociedad les brinda a la gente creativa...

¡NO LO HAGAS POR TU PROPIA CUENTA!

La estrategia de escapar, tanto emocionalmente como físicamente, nunca será la solución adecuada. Se ve en la esposa que deja su casa dejando una nota. En el padre que «saca a su hijo adicto de la casa para salvar los otros hijos». Es increíble que el «Mito de la Suficiencia Humana» se haya confundido con el mecanismo de defensa más antiguo, la racionalización (la excusa razonada falsa que llegamos a creer) para tomar decisiones.

La historia de la crisis de la plana mayor de los discípulos es formidable para explicarnos este punto. El evangelio es detallista al mencionar los nombres inequívocamente. Se trata de los caciques dentro del grupo de Apóstoles. ¡De la plana mayor! Volver a pescar significaba regresar a donde los sacaron. En el plano espiritual, volver al mundo. Pedro lo propuso, el resto les siguió. Sin Jesús y solo, sin propósito y defraudados...Aquella noche no pescaron nada. La presencia del Jesús resucitado en la playa era un elemento de esperanza y reconciliador; pero ellos no lo podían reconocer porque dentro de su crisis no podían visualizar al Cristo resucitado. La pregunta de Jesús fue devastadora: ¿Tenéis algo de comer? Para aquellos pescadores veteranos la contestación era vergonzosa: ¡No tenemos nada! Jesús dio instrucciones. Echad la red a la derecha de la barca. Si lo dice Jesús es importante hacerlo. Pero por medio de la razón no es posible... porque estos pescadores sabían de eso y no lo habían logrado toda la noche. Cuando descendieron a tierra vieron brasas y un pez encima de ellas. ¡Dios no necesita de nosotros, somos nosotros los que necesitamos de Dios! Por favor no lo hagas por tu propia cuenta. Reflexiona sobre el propósito de Dios para tu vida. ¡El que deja a Dios fuera de sus cálculos no sabe contar! El cristiano debe orar y tener una vida personal con Dios. Debe examinar las instrucciones y el propósito de Dios para su vida. Dejar fuera el elemento espiritual en situaciones de crisis constituye un error terrible en medio de la tormenta.

La segunda parte de la historia se refiere a Pedro. Ha llegado la hora de enfrentarse a la adversidad. Sin embargo, el Maestro espera el momento propicio para confrontarlo. Debemos reconocer que fue un diálogo sumamente fuerte en el sentido de los elementos implícitos. Pero es evidente que el Señor quiere rescatar su discípulo. En esos momentos de crisis dialogar con la familia y cerrar el cerco de los que nos aman es decisivo en enfrentar la adversidad. Nuestros cónyuges y nuestros hijos deben participar en cualquier decisión. Hay gente que le tiene terror a enfrentarse a su esposa y a sus hijos porque la presión del trabajo lo venció y las otras razones que lo han llevado a un supuesto fracaso. Como en el caso de Pedro cuando Jesús lo rescata encontrará en los suyos aliados formidables y muchas veces creativos que lo ayudan a enfrentar la adversidad.

El tercer elemento es el discurso de Jesús. ¡Pedro tú eres un discípulo, tu felicidad está en el reino de los cielos y las cosas del reino! ¡Sígueme! No podemos salir corriendo porque se perdió el trabajo. Lo cierto es que podemos perderlo todo en esa carrera. Si esperamos entonces tendremos que lidiar con un problema de corto plazo. O crear una fuente de ingreso alterna. En cientos de situaciones tenemos que regresar a las fuentes de felicidad. ¿Dónde está nuestra vida familiar, o la iglesia? Tendremos que aceptar el reto, revalorizar nuestros tesoros. En el peor de los casos empezar de nuevo, pero reteniendo los valores que atesoramos como parte de nuestra riqueza.

ASPIRACIÓN Y PERSISTENCIA

Dos elementos imprescindibles en el interior de la vida familiar son la aspiración y la persistencia. El rendirse como cuestión de principios es terrible. En ocasiones cuando familias llegan a mi casa para hablarme de situaciones verdaderamente desafortunadas les recuerdo aquello de «nunca te rindas». El que tu hijo tenga problemas con la justicia no quiere decir que debas abandonarlo. Tampoco el que tenga problemas de orientación sexual. Entender que la vida da y la vida quita es definitivamente entender el marco de referencia no solo de la voluntad permisiva de Dios sino también del concepto de libre albedrío. Cuando el ser humano pone su «delicia en Jehová» sabiendo que Dios le contestará las peticiones de su corazón, el resultado es maravilloso. Así pues la vida no es «arroz, habichuelas y carne», es mucho más. El que un padre sea un buen proveedor lo único que significa es un punto de salida. Así como para un buen corredor de maratón cuando pasa los primeros cien metros apenas está entrando en calor, igual un padre buen proveedor lo que ha hecho en realidad es arrancar en su carrera por la vida pero en forma lenta, apenas está comenzando y la carrera es muy larga. Es necesario incluir los otros elementos para que la vida sea balanceada. Diversión, higiene mental, salud mental, tiempo y muchos otros.

Por lo tanto, el lograr adecuadamente cada una de las vivencias es vital en el interior de la familia. Cuando tu hijo se casa es un elemento único y trascendental en la vida de la familia. Celébralo. Cuando tu hijo se gradúa, igual. En fin no permitas que nada opaque tu felicidad. Tener dinero tiene sentido solo si se utiliza adecuadamente. Trabajar duro solo tiene sentido si su contraparte es el servicio y la felicidad.

En relación con la aspiración más sencilla dentro del núcleo familiar debemos recordar que solucionar todos los problemas del mundo será muy difícil. Pero si logras que tu casa y tu familia sean algo especial, diferente, tendrás una tierra de Gosén dentro del Egipto que nos rodea. Esto es un remanso de paz dentro de la problemática mundial en que vivimos. Me parece escuchar la frase bíblica ¡Granizo en todo Egipto menos en la tierra de Gosén! Esa teoría de que todas las familias tienen que tener el mismo molde y por ende las mismas problemáticas es un error de enormes proporciones. En ese sentido el principio cardinal está en la historia de José cuando fue abandonado por su protector Potifar porque no creyó su historia de que su propia mujer estaba enamorada de él. José escogió huir en lugar de ceder. El principio es, aunque se pierda la protección de Potifar que nunca se pierda la protección de Dios. El elemento fundamental de la vida del ser humano es el encuentro con Dios. Cuando se obtiene, el segundo elemento más importante es no perderlo. Luego enseñarle a sus hijos nuestra identidad. Finalmente vivirás la vida abundante en los brazos del Señor.

El Caso de Pedro

Don Pedro era un dueño de un camión que fue mi mano derecha en mi pastorado en Campanillas dentro del pueblo de Toa Baja. En ocasiones pasaba los sábados muy cansado después de un día de trabajo. Le preguntaba en época de campaña ¿podrás venir a la iglesia esta noche? Me contestaba ¡jamás fallaría!. La iglesia es mi oasis, vengo a la iglesia a descansar. ¡Pastor mi vida ha descansado desde que llegué a mi iglesia! Debo hacer un paréntesis como un homenaje a este hombre que ya está en los Reinos de los Cielos y cuya amistad, aprecio y dedicación valoraré siempre. Lo considero uno de los grandes amigos que tuve en mi vida, un verdadero hombre fiel y además uno de mis grandes maestros. No solamente se aprende de la gente supuestamente grande sino que en muchas ocasiones se aprende más de los pequeños. Este co-pastor que había sido recogido por Dios de los lugares más bajos me enseñó en una forma entusiasta y terrible a entender esa subcultura. Hoy en día me siento a gusto siendo líder de comunidades marginadas. Jesús dice «Venid a mi todos los que están trabajados y cargados que yo los haré descansar». Efectivamente, aunque para todas las clases sociales el evangelio es maravilloso, para las comunidades marginadas Cristo es el salvavidas que surge en medio del naufragio.

Comentarios finales

Se dice que existen tres clases de personas: la gente que hace que las cosas pasen, la que ve las cosas que pasan, y la gente que no sabe ni lo que pasa. ¿A qué clase de personas pertenece usted? Tenemos personas que no se rinden; gente que lucha por sus hijos y hace cambiar las cosas. Otras que piensan, «ya nada se puede hacer». Viven la vida en una ruleta rusa. Ellos solos tendrán que sobrevivir realmente abandonados algunos en los brazos de Dios y otros de la suerte; en el tercer doloroso grupo tenemos gente que ya no les importa nada lo que es mucho peor.

El apóstol Pablo en la Epístola a los Efesios capítulo 4 toca un tema trascendental cuando llama a cambiar la mente. «¡Renovaos en el espíritu de vuestra mente!» El consejo es formidable. El espíritu viejo hay que renovarlo. Estudiar. Producir. Crear. Luchar con esperanza. Despertar al gigante que hay en ti. En ese proceso de renovación encontrarás situaciones difíciles, pero renovarse significa sacrificio. Recuerdo el joven que en la sala de mi casa le decía a su esposa que debían «buscar a Dios»: «Tenemos que buscar un nuevo amanecer», decía, «cambiar nuestra debilidad por la grandeza de Dios. Pertenecer al pueblo de Dios.» Y concluía humildemente: «¡Hemos fracasado!» Es interesante porque ese vocabulario, les decía yo, los ponía de frente a la esperanza de la renovación en el espíritu de la propia mente. Sin lugar a dudas la apreciación era correcta y la alternativa era ahora.

La *fe*...ataca la ansiedad. Nos da seguridad. Es maravilloso pertenecer al pueblo de Dios. Igualmente extraordinario es saber que tenemos donde acudir. Ese elemento que nunca falte en tu hogar. Es un oasis en medio del desierto. El desierto aunque terrible, es un magnífico lugar para la reflexión. Aún en el desierto más horrible existe un oasis donde mitigar la sed. Encontrarlo es asunto de vida o muerte. La fe representa el oasis del desierto.

Otro elemento es el *amor*. En el Puerto Rico de hoy han surgido tendencias de un evangelio sin el amor de Dios. Deseo detenerme para recordarles a mi propia gente, ¡el que no ama no conoce a Dios porque Dios es amor! Descubrir que uno es amado y que puede amar. Superar ese elemento de la indiferencia y del odio; reencontrando los valores y las prácticas del amor. Un grupo saludable que te dé seguridad y una iglesia donde recuperes el aliento se convierten en el próximo elemento. Por eso es la iglesia una comunidad terapéutica.

La *verdad* es el tercer elemento. Reconozco que la verdad es confrontadora y retante. El pecador necesita perdón. La familia necesita la verdad. Auscultar uno por uno los conflictos; mirarse a los ojos y admitir los fracasos. Necesitan conocerse a fondo. Cuando nos enfrentamos a la adversidad recordamos que Cristo perdonó a Pedro. Perdonar es decidir dejar de culpar. Perdonar es parte integral del proceso de sanidad interior...

No importan las circunstancias no claudicamos; seguimos luchando. Mantenemos el compromiso con Dios porque Dios es fiel y mantendrá su compromiso con nosotros. Dios conoce quiénes somos... la victoria está asegurada.

BIBLIOGRAFIA SELECCIONADA[1]

Betancourt, Esdras. *Introducción a la psicología pastoral*. Barcelona: CLIE, 1994.

Brister, C.W. *El cuidado pastoral en la iglesia*. El Paso: Casa Bautista de Publicaciones. 1980.

Cabezas, Rita. *Psicoterapia cristiana*. Barcelona: Libros CLIE, 1988.

Clinebell, Howard. *Asesoramiento y cuidado pastoral: Un modelo centrado en la salud integral y el crecimiento*. Buenos Aires: Nueva Creación, 1995.

Collins, Gary y Mijangos, Sergio. *Consejería cristiana efectiva*. Grand Rapids: Portavoz, 1992.

Friedman, Edwin H. *De generación en generación: El proceso de la familia en la iglesia y la sinagoga*. Buenos Aires: Nueva Creación, 1996.

Gandini, Alberto D. *La iglesia como comunidad sanadora*. El Paso: Casa Bautista de Publicaciones, 1988.

Hightower, James E., compilador. *El cuidado pastoral desde la cuna hasta la tumba*. El Paso: Casa Bautista de Publicaciones, 1989.

[1] Sólo se incluyen libros publicados en español cuyo contenido se relaciona directamente con la temática general presentada en este volumen.

Hoff, Paul. *El pastor como consejero*. Miami: Editorial Vida, 1981.

Inhauser, Marcos R. y Maldonado, Jorge E., editores. *Consolación y vida: Hacia una pastoral de consolación*. Quito: CLAI/EIRENE, 1988.

León, Jorge A. *Hacia una psicología pastoral para los años 2000: Nuevos aportes para una pastoral integral iberoamericana*. Miami: Editorial Caribe, 1996.

León, Jorge A. *Psicología pastoral de la iglesia*. Miami: Editorial Caribe, 1978.

Maldonado, Jorge E. *Aún en las mejores familias: La familia de Jesús y otras familias de la Biblia parecidas a las nuestras*. Buenos Aires: Nueva Creación, 1996.

Maldonado, Jorge E, editor. *Fundamentos bíblico-teológicos del matrimonio y la familia*. Buenos Aires: Nueva Creación, 1995.

Oates, Wayne E. *Asesoramiento pastoral: Nuevas dimensiones*. México: Casa Unida de Publicaciones, 1979.

Polischuk, Pablo. *El consejo terapéutico: Un manual para pastores y consejeros*. Barcelona: CLIE, 1994.

Polischuk, Pablo. *La depresión y su tratamiento*. Barcelona: CLIE, 1992.

Schipani, Daniel S. y colaboradores. *Comunicación con la juventud: Diseño para una nueva pastoral*. San Juan: Seminario Evangélico de Puerto Rico, 1994.

Stone, Howard. *Asesoramiento pastoral en situaciones de crisis*. Buenos Aires: La Aurora, 1979.

Tinao, Daniel E., compilador. *Simposio de psicología pastoral*. Buenos Aires: La Aurora, 1976.

Zandrino, Ricardo. *Sanar es también tarea de la iglesia: La iglesia como comunidad terapéutica*. Buenos Aires: Asociación Bautista Argentina de Publicaciones, 1987.

CONTRIBUYENTES

Julia Batista Cortés: Profesora de Consejo Pastoral en el *Seminario Evangélico de Puerto Rico* (retirada).

Pablo A. Jiménez: Pasado Director Ejecutivo de la *Asociación para la Educación Teológica Hispana* (AETH).

Jesús Laguerra Marzán: Pastor Asociado de la *Primera Iglesia Bautista de Caguas*, Puerto Rico.

Fausto Lora Paulino: Profesor en la *Escuela Graduada Nacional de Consejería Pastoral* en Puerto Rico y director de la revista *La Familia al Día*.

Jorge E. Maldonado: Presidente del *Centro Hispano de Estudios Teológicos* en Bell Gardens, California y de *EIRENE Internacional*.

Pablo Polischuk: Profesor de Psicología Pastoral en *Gordon-Conwell Theological Seminary* en South Hamilton, Massachussets.

José R. Rodríguez: Profesor en el *Centro Caribeño de Estudios Postgraduados* y en la *Escuela Graduada Nacional de Consejería Pastoral* en Puerto Rico

Daniel S. Schipani: Profesor de Educación Cristiana y Personalidad en el *Associated Mennonite Biblical Seminary* en Elkhart, Indiana; Profesor afiliado de Cuidado Pastoral en el *Northern Baptist Theological Seminary*, en Lombard, IL.

Hugo Serrano: Presidente y fundador de la *Escuela Graduada Nacional de Consejería Pastoral* en Puerto Rico.

Jorge Taylor: «Provost» de *Fuller Theological Seminary* en Pasadena, California.